Tobias Claessens

IMMOGAME

MIT IMMOBILIEN SPIELEND REICH WERDEN

Tobias Claessens

IMMOGAME

MIT IMMOBILIEN SPIELEND REICH WERDEN

So baust du dir ein Vermögen auf durch cleveres Immobilieninvestment

FBV

Bibliografische Information der Deutschen Nationalbibliothek
Die Deutsche Nationalbibliothek verzeichnet diese Publikation in der Deutschen Nationalbibliografie. Detaillierte bibliografische Daten sind im Internet über https://dnb.de abrufbar.

Für Fragen und Anregungen
info@m-vg.de

FSC
www.fsc.org
MIX
Papier | Fördert gute Waldnutzung
FSC® C021394

Wichtiger Hinweis
Ausschließlich zum Zweck der besseren Lesbarkeit wurde auf eine genderspezifische Schreibweise sowie eine Mehrfachbezeichnung verzichtet. Alle personenbezogenen Bezeichnungen sind somit geschlechtsneutral zu verstehen.

Originalausgabe
4. Auflage 2025

Türkenstraße 89
80799 München
Tel.: 089 651285-0

Redaktion: Ulrich Wille
Korrektorat: Silvia Kinkel
Umschlaggestaltung: Sonja Vallant
Umschlagdesign: Sophie Mangstl
Satz: Zerosoft, Timisoara
Druck: ScandBook, Litauen
Printed in the EU

ISBN Print 978-3-95972-795-2
ISBN E-Book (EPUB, Mobi) 978-3-98609-552-9

Inhalt

Vorwort

Ich bin in einer Unternehmerfamilie aufgewachsen. Mein Vater war beruflich sehr erfolgreich und wir lebten in einem wunderschönen Haus. Es war das mit Abstand schönste Haus, in dem ich bis heute gewohnt habe: ein von Licht durchfluteter Neubau mit Dachterrasse und malerischem Blick auf einen See. Schon in jungen Jahren begriff ich den Wert dieser Immobilie intuitiv.

Leider war mein Vater zu diesem Zeitpunkt bereits schwer erkrankt. In seinem Urteilsvermögen beeinträchtigt, war er immer weniger Herr der Lage und verlor nach folgenschweren Fehlentscheidungen schließlich seinen Betrieb. Zeitgleich erreichte ich meinen persönlichen Tiefpunkt. Unter anderem blieb ich in der vierten Klasse sitzen, woraufhin mir meine Lehrer eine Empfehlung für die Sonderschule ausstellten und meiner Mutter prophezeiten: »Aus dem Jungen wird nichts!« Die Zeit war extrem anstrengend. Ich fühlte mich wie ein Loser, was nicht zuletzt daher rührte, dass mir meine Lehrer das konsequent zu verstehen gaben.

Doch die Sorgen außerhalb der Schule belasteten uns weit mehr. Bedauerlicherweise mussten wir das schöne Haus in der Schweiz verkaufen; finanziell gesehen waren wir am Ende. Bis heute ist mir eine Supermarkt-Szene im Gedächtnis geblieben. Meine Mutter und ich erledigten den Wocheneinkauf und als wir gerade an der Kasse standen, legte ich einen Kaugummi auf das Band. Sie schaute mich traurig an, schüttelte den Kopf und legte den Kaugummi wieder zurück ins Regal. Ich verstand es nicht. Auf dem Nachhauseweg erklärte mir meine Mutter, wir hätten kaum noch Geld übrig und dürften daher nur die nötigsten Dinge kaufen. Kaugummi gehöre nicht dazu. Doch es würden wieder bessere Zeiten kommen, versuchte sie mich aufzumuntern. Dieses Ereignis prägte mich. Ich behaupte sogar, es war *das* Schlüsselerlebnis in Bezug auf Geld, dass wir uns eine Packung Kaugummi für 50 Pfennig nicht mehr leisten konnten. Wir waren gezwungen, unsere Autos zu verkaufen. Ein Autohändler und alter Bekannter, der früher immer unsere Fahrzeuge gewartet hatte, bemitleidete uns dermaßen, dass er uns kostenfrei einen Renault Twingo mit manuellem Schiebedach zur Verfügung stellte. Bis heute bin ich ihm für diese großzügige Geste unglaublich dankbar.

Als ich zwölf Jahre alt war, erlag mein Vater seiner Krankheit. Sein Tod riss ein tiefes Loch in unsere Familie. Inzwischen besuchte ich das Gymnasium und stellte mich wesentlich weniger blöde an, als es meine Grundschullehrer vorhergesagt hatten. Na ja, zum Glück nicht alle von ihnen. Nachdem ich sitzen geblieben war, bekam ich eine neue Klassenlehrerin, Frau W. Die gute Frau W. war mir gleich wohlgesinnt und brachte mich auf den rechten Pfad, weil sie mehr in mir zu sehen glaubte als einen Sonderschüler. Mit ihrer Einschätzung sollte sie recht behalten. Denn ich kam nicht nur gut im Gymnasium zurecht, sondern begann bereits mit 16 Jahren mein Studium der Wirtschaftswissenschaften. Nein, ich bin keiner von diesen Überfliegern, die mehrere Klassen übersprungen haben, vielmehr lief bei mir beides parallel ab. Meine Abiturzeit kannst du dir folgendermaßen vorstellen: Am Vormittag legte ich die schriftliche Prüfung in Mathematik ab und begab mich daraufhin in die Uni, um eine Klausur in Volkswirtschaftslehre zu schreiben. Am Tag darauf stand in der Schule Deutsch auf dem Klausurplan, in der Uni hingegen Wirtschaftsmathematik. Was sich wie eine Doppelbelastung anhört, fühlte sich auch wie eine an, allerdings bescherte sie mir zeitgleich zum Abitur mein Vordiplom.

Doch ich spule noch mal etwas zurück. Im Alter von 15 Jahren kam mir ein Einfall: »Wieso kaufen wir nicht eine Immobilie zur Vermietung?« Ich war besessen von dem Gedanken an eine passive Einnahmequelle; wo ich ihn aufgeschnappt hatte, weiß ich nicht mehr. Vermutlich in einem Buch. Die Angst vor einem finanziellen Desaster, das die gesamte Lebensgrundlage vernichtet, saß noch immer tief – keinesfalls wollte ich es ein zweites Mal erleben. Und darum redete ich so lange auf meine Mutter und meinen Bruder ein, bis ich sie schließlich davon überzeugen konnte, den Kauf einer kleinen Wohnung zu finanzieren. Wir hatten keine Ahnung, was wir da taten, aber als die erste Miete auf dem Konto einging, fühlte sich das unheimlich gut an. Ich weiß noch, dass die Wohnung 42 000 Euro kostete. In diesem Augenblick liegt ihr Wert bei 140 000 Euro, sie ist nahezu schuldenfrei und würde bei einem Verkauf etwa 90 000 Euro steuerfreien Gewinn abwerfen.

Über die Wertentwicklung dachte ich damals aber gar nicht nach. Wichtig war mir allein der regelmäßige Cashflow, der unseren Lebensunterhalt decken sollte. Und weil meine Mutter und mein Bruder sahen, wie und vor allem dass es funktionierte, legten sie regelmäßig Geld beiseite, um mit der Zeit eine weitere Immobilie anzuzahlen. Das heißt, ich begriff das Geschäftsmodell *Immobilie* relativ früh in meinem Leben, was ein immenser Vorteil war, dich aber keineswegs beunruhigen muss, denn du kannst ebenso gut im Alter von 30, 40 oder 50 Jahren mit dem Investieren beginnen. Eigentümer meiner ersten Immobilie wurde ich mit 23, genauer gesagt erstand ich einen Tiefgaragenstellplatz, dessen Vermietung bemerkenswert nervig war. Ständig wechselnde Mieter bedeuteten einen hohen Zeitaufwand und wirklich viel abgeworfen hat der Stellplatz auch nicht. Jedoch hielt mich das nicht davon ab, mein Portfolio kurz darauf um eine Einzimmerwohnung in Stuttgart zu erweitern. Kaufpreis: 95 000 Euro. Monatliche Kaltmiete: 500 Euro. Die damalige Finanzierung schlug mit 400 Euro ordentlich zu Buche, die nicht umlagefähigen Betriebskosten betrugen weitere 50 Euro. Trotzdem war ich happy über den monatlichen Cashflow, immerhin erhöhte er mein Einkommen um 50 Euro, noch dazu tilgte mir mein Mieter Monat für Monat die Wohnung. Für den Anfang war das eine runde Sache.

Den (mehr oder minder) passiven Cashflow einer Immobilie habe ich übrigens »*curri*« getauft. Der Begriff leitet sich vom englischen »*recurring*« ab, was »wiederkehrend« bedeutet. Periodisch wiederkehrende Einkünfte aus Immobilien sind oberstes Ziel im *Immogame*. Ein zweiter Begriff, der mir zusagt, weil ich das Investieren in Immobilien als ein ewiges Spiel betrachte. Teil daran nehmen Spieler, Gegenspieler, Banken und der Staat, welcher die Regeln für das Immogame festlegt. Im Unterschied zu den meisten Spielen läuft es nicht auf einen einzigen Sieger hinaus, denn es gibt etliche Sieger, die mit *curri* belohnt werden, aber wesentlich mehr Verlierer, von denen die Mehrheit ironischerweise gar nicht am Spiel teilnimmt. Doch das muss nicht so bleiben. Falls du das Immogame noch nicht für dich entdeckt hast, möchte ich dich hiermit zur Teilnahme ermutigen. Dieses Buch gleicht gewissermaßen einer Spielanleitung. Ich weihe dich in den Ablauf ein und lehre dich die erfolgreichen Spielzüge. Vorwissen benötigst du keines, nur bedingungslosen Umsetzungswillen. Falls du ganz von vorn anfängst, genießt du mir gegenüber sogar einen Vorteil: Als ich in das Immogame einstieg, hatte ich keine Ahnung, was ich tat, denn mir lag keine Spielanleitung vor, in die ich einen Blick hätte werfen können. Aufgrund meiner Unwissenheit bezahlte ich viel Lehrgeld, das du dir jedoch sparen kannst. Mithilfe dieses Buches wirst du dir die wesentlichen Fähigkeiten zu eigen machen, fragwürdige Glaubenssätze eliminieren und eine förderliche Denkweise entwickeln, um im Immogame zu bestehen.

Und wenn wir ehrlich sind, ist es überhaupt keine Frage des Wollens. Deine Fähigkeit, dich finanziell abzusichern, wird zu großen Teilen darüber entscheiden, ob du im Alter ein ärmliches Dasein fristen oder deinen Lebensabend genießen wirst. Dabei spielt die Immobilie eine ganz entscheidende Rolle, sie nicht in dein Portfolio aufzunehmen, kannst du dir schlichtweg nicht leisten. Warum? Weil die Immobilie alternativlos ist. Sie zählt zu den sichersten Investments, vorausgesetzt, du investierst in einer vernünftigen Lage und kaufst keinen überteuerten Schrott. Vermeidest du solche Fehler, erweist sich die Immobilie als eine einmalige Anlageklasse, die bei geringstem Kapitaleinsatz den höchstmöglichen Cashflow verspricht; einen wesentlich höheren als Aktien oder Anleihen. Vielleicht verdienst du gerade nicht besonders viel Geld, weil du einer Arbeit nachgehst, deren Rahmenbedingungen dich zwar einschränken, aber auch dein Sicherheitsbedürfnis befriedigen, weshalb du nicht kündigst. Oder aber dein Gehalt ist der absolute Wahnsinn und du genießt Dutzende Freiheitsgrade. Für dein Immogame ist das kaum von Bedeutung, denn es ermöglicht dir, neben deinem *aktiven* Job eine *passive* Einnahmequelle zu erschließen. Wenn du beispielsweise mit 10 000 Euro eine kleine Wohnung anzahlst und sie nach zehn Jahren mit einem Gewinn von 100 000 Euro verkaufst, dann verzehnfachst du nicht nur dein Eigenkapital, sondern erhöhst auch deine Liquidität, die dir zum weiteren Vermögensaufbau dient. Diese

Möglichkeit bietet dir nur die Immobilie; warum dem so ist, damit werden wir uns noch ausführlich befassen.

Dieses Buch soll dich darauf vorbereiten, entweder deine erste Immobilie zu kaufen oder deinen Bestand mithilfe des neu erlangten Wissens zu erweitern, sodass du ein finanziell unabhängiges Leben führen kannst. Frei von Geldsorgen, die meine Jugend prägten. Apropos Geld: Etwas Startkapital bringt dich sicherlich schneller voran, trotzdem ist es nicht erforderlich, denn das Immogame verlangt keine Eintrittsgebühr. Wenn du bei null startest, kannst du genauso erfolgreich werden wie jemand, der drei Mehrfamilienhäuser vererbt bekommen hat. Meistens sind diejenigen, die ganz unten anfangen, ohnehin fleißiger und haben ihre Ausgaben besser unter Kontrolle. Wo du auch stehst, lies dieses Buch, ich habe es geschrieben, um Investorenarmut zu beenden.

Tobias Claessens
Stuttgart, im März 2024

9 Geldgrundsätze von Vermögenden

Grundvoraussetzung für ein erfolgreiches Immogame ist eine solide Finanzbildung. Es nützt nichts, Immobilienwissen anzuhäufen, wenn du es nicht umsetzen kannst, weil dir deine schlechten Geldgewohnheiten im Weg stehen. Womit ich dir nicht welche unterstellen will. Ich empfehle dir lediglich, deine Geldgewohnheiten zu hinterfragen, bevor du in Immobilien investierst; deswegen habe ich dieses Kapitel allen anderen vorangestellt. Und weil es sich nur indirekt um Immobilien dreht, werden wir uns auf das Wesentliche beschränken, genauer gesagt auf neun Geldgrundsätze, nach denen jede vermögende Person handelt, bewusst oder unbewusst. Sofern du deine Finanzen als aufgeräumt und dein Finanzwissen als reichhaltig empfindest, überspringe ruhig dieses relativ kurze Kapitel. Andererseits schadet ein bisschen Wiederholung bekanntlich nie.

Geldgrundsatz Nummer 1: Vermeide schlechte Schulden

Kennst du den Unterschied zwischen *guten* und *schlechten* Schulden? Beide Schuldenarten haben denselben Ursprung: Du leihst dir Geld für etwas, das du dir eigentlich nicht leisten kannst. Was den feinen Unterschied macht, ist der Zweck. Während dir ein Immobilienkredit dazu dient, Wohlstand aufzubauen, eignen sich Konsumentenkredite hervorragend, um Geld zu verbrennen. Die Verlockungen am Markt könnten größer kaum sein, nahezu alles lässt sich heute auf Pump kaufen. Der Kaffeevollautomat, das E-Mountainbike, die Kalifornienrundreise, das Sofa, die Hochzeit, der Kleiderschrank, die Designerjacke. »Heute konsumieren, später zahlen!«, lautet die Werbebotschaft, die dich buchstäblich in Misskredit bringt, spätestens wenn deine Schufa-Auskunft unter dem Konsum leidet. Banken mögen keine Konsumschulden, warum sollten sie auch? Je mehr du davon anhäufst, desto höher ist dein Kreditausfallrisiko, und diesen Umstand lässt sich die Bank entweder mit einem herben Zinsaufschlag bezahlen oder sie verwehrt dir den Immobilienkredit gänzlich. Vermeide daher schlechte Schulden und unnötigen Konsum, wo es nur geht. Bestenfalls finanzierst oder least du auch kein Auto, weder einen Neu- noch einen Gebrauchtwagen, sondern bezahlst ihn stets mit Eigenkapital. Wobei die Bank ein gewisses Verständnis dafür aufbringt, dass heutzutage kaum jemand ohne Auto klarkommt, jedoch den Kaufpreis selten aus eigener Tasche zahlen kann. Begrüßen würde sie es aber!

Allen schlechten Schulden gemein ist, dass ihnen kein oder nur ein verhältnismäßig geringer Wert gegenübersteht, noch dazu zahlst du sie samt Zinsen aus eigener Arbeitskraft ab. Bleiben wir bei dem Autobeispiel. Ein Neuwagen verliert in den ersten drei Jahren circa 50 Prozent seines Wertes. Falls du ihn finanzierst und nach drei Jahren zum Restwert übernehmen darfst, hast du nichts anderes getan, als in den Wertverlust zu investieren. Dein Geld hat sich quasi vaporisiert. Jetzt könntest du entgegnen: »Gut, dann lease ich halt!« Klar, Leasing scheint die klügere Wahl, doch ändert sich nichts am Prinzip. Der Wertverlust mag dir egal sein, weil dir das Fahrzeug nicht gehört, trotzdem belastet dich jeden Monat die Leasingrate, die einer Nutzungsgebühr gleicht. Ähnlich wie jene, die Fitnessstudios oder Streamingdienste von dir verlangen. Demnach ist ein Auto, das an Wert verliert und nicht gewinnt (wie manche Oldtimer), per definitionem immer eine Konsumausgabe. Wenn du nicht darauf verzichten kannst oder willst, wäre es das Sinnvollste, einen Gebrauchtwagen zu kaufen, der mindestens drei Jahre alt ist, weil die Wertverlustkurve dann deutlich abflacht. Immerhin vermeidest du dadurch schlechte Schulden und beweist der Bank, dass du imstande bist, eine größere Ausgabe aus eigenen finanziellen Mitteln zu bestreiten.

Jetzt stellt sich zu Recht die Frage: Zählt das Darlehen für eine vermietete Immobilie ebenfalls zu den schlechten Schulden? Nein, und zwar aus zwei guten Gründen. Erstens steht dem Darlehen ein stabiler Vermögenswert gegenüber, da Immobilien auf lange Sicht nur in wirklich schlechten Lagen einen Wertverlust erleiden. Temporär kommt ein Wertverlust auch in guten Lagen vor, langfristig steigt jedoch die Inflation, mit ihr die Mieten und folglich der Immobilienwert. Zunächst nominal, später aber auch real, weil bei einer lang anhaltenden Inflation die Nachfrage nach Sachwerten wie Immobilien und Aktien zunimmt. Zweitens belastet eine Immobilie, deren Kaltmiete sämtliche Ausgaben deckt, nicht deinen Cashflow. Das bedeutet, nicht du als Investor zahlst den Immobilienkredit ab, vielmehr tut dies dein Mieter – mit jeder Kaltmiete, die er dir überweist. Somit dürfen wir guten Gewissens behaupten:

Immobilienschulden sind gute Schulden, vorausgesetzt, es handelt sich um eine lukrativ vermietete Immobilie. Wie wir außerdem später sehen werden, wirken sich Immobilienschulden positiv auf die Eigenkapitalrendite aus und können, mit Bedacht eingesetzt, deinen Vermögensaufbau beschleunigen.

Geldgrundsatz Nummer 2: Ausgaben sind wichtiger als Einnahmen

Es kommt wesentlich mehr darauf an, seine Ausgaben im Griff zu haben, als sich zu immer höheren Einnahmen aufzuschwingen. Ja, Einnahmen sind zweifellos wichtig für den Vermögensaufbau, nur habe ich in meiner Zeit als Unternehmer zu viele Menschen kennengelernt, die zwar viel verdient, aber noch mehr konsumiert haben. Salopp formuliert waren sie arme Schlucker mit hohem Einkommen, gefangen in einem Hamsterrad. Nach oberflächlichen Maßstäben beurteilt waren sie reich, weil sie dicke Autos fuhren, in exquisiten Restaurants speisten, pompöse Uhren trugen und in feinen Apartments in Bestlagen residierten. Davon, vermögend zu sein, waren sie jedoch weit entfernt. Worin der Unterschied besteht? Nun ja, es ist meine persönliche Definition, aber ich sehe es folgendermaßen: Reiche Menschen haben viel Geld, aber weder Zeit noch Vermögen. Sie ackern und buckeln, als gäbe es kein Morgen, um ihren Lebensstandard zu finanzieren. Und doch endet es in einigen Fällen mit der Privatinsolvenz, wenn ihr Konsum überproportional zum Einkommen ansteigt. Vermögende Menschen hingegen besitzen beides: Geld und Zeit. Um diesen Zustand zu erlangen, haben sie zunächst viel Zeit und Arbeit in eine Strategie investiert, die es ihnen ermöglicht, Geld im Schlaf zu verdienen. Nicht selten spielten dabei Immobilien eine bedeutende Rolle. Und in jedem Fall hatten sie ihre Ausgaben im Griff. Bis sie sich ihren Luxus, wie auch immer sie ihn definierten, leisten konnten, haben sie sich gezügelt und deutlich mehr eingenommen als verprasst. Nur so war es ihnen überhaupt möglich, Geld beiseitezulegen, das ihnen später als Startkapital für ihre Investments dienen sollte. Einsparpotenzial fanden sie vor allem bei diesen Ausgaben: Miete, Auto, Kleidung, Restaurant- und Clubbesuche, (unnötige) Versicherungen, Möbel, Urlaube, Haushaltsgeräte, Fernseher, Fahrräder, HiFi-Anlagen, Smartphones samt Verträgen, Streamingdienste und so weiter. Insbesondere die Miete ist ein Thema. Da ich regelmäßig Anfragen erhalte, kann ich beurteilen, dass sich viele Mieter übernehmen, wenn sie bereit sind, 50 Prozent und mehr ihres monatlichen Einkommens für die Miete aufzubringen. Sorry, aber das können sie sich nicht leisten. Niemand kann das. Empfehlenswert sind 30, maximal 35 Prozent, andernfalls bleibt einfach zu wenig Geld übrig zum Sparen.

Geldgrundsatz Nummer 3: Die Reihenfolge der Ausgaben entscheidet

Vermögende Menschen haben verinnerlicht, dass sie die Hauptrolle in ihrem Finanzfilm spielen, und halten sich deshalb an das Motto »Bezahl dich selbst zuerst!«. Was genau bedeutet das? Dahinter verbirgt sich die Reihenfolge, in der sie ihr Nettoeinkommen »ausgeben« oder eben gerade nicht ausgeben. Ein fester Teil fließt jeden Monat direkt auf ein weiteres Konto, das ausschließlich zum Sparen und/oder Investieren gedacht ist. Wenn ich meine Empfehlung aussprechen darf: Erstelle dir vier Konten.

Konto Nummer 1: Einnahmen.
Konto Nummer 2: Sparen.
Konto Nummer 3: Ausgaben.*

Auf deinem ersten Konto empfängst du nur deine Einnahmen. Von dort aus überweist du per Dauerauftrag jeden Monat 30 bis 50 Prozent an Konto Nummer 2, die Differenz wiederum fließt auf Konto Nummer 3, das einzig und allein dazu dient, deine Rechnungen zu begleichen, seien sie für Miete, Lebensmittel oder Luxus. Ein Dreikontensystem, mit dem du dich zum Sparen zwingst. Vielleicht wehrt sich gerade etwas in dir: »30 bis 50 Prozent? Ganz schön viel!« Zugegeben, diese Sparrate ist nicht ohne, aber leider ein notwendiges Übel, um im Immogame mitspielen zu können. Für den Anfang benötigst du mindestens 10 000 Euro für die Anzahlung deiner ersten Wohnung, präziser gesagt zahlst du davon die Kaufnebenkosten und bringst etwas Eigenkapital ein. Nun erschließt sich auch, warum die Miete auf keinen Fall 50 Prozent des Einkommens betragen sollte, nämlich weil sie zulasten der Sparrate gehen würde; schließlich muss noch etwas übrig bleiben für Essen, Trinken und Spaß.

Natürlich musst du nicht alles, was auf Konto Nummer 2 eingeht, für deine erste Immobilie nutzen. Einen Teil des angesparten Geldes könntest du zum Beispiel in ETFs oder Aktien investieren, um Kapitalerträge zu erhalten, was jedoch bedingt, dass du es aushältst, sollten die Kurse vorübergehend fallen. Falls dir schon bei dem Gedanken daran mulmig wird, spricht vorerst nichts dagegen, die kompletten 30 bis 50 Prozent dem

* Du könntest noch ein viertes Konto eröffnen, auf dem du Steuerrücklagen bildest. Dazu rate ich insbesondere Selbstständigen und Unternehmern, die gerade stark skalieren. So minimieren sie das Risiko, im laufenden Geschäftsjahr Geld auszugeben, das eigentlich schon dem Finanzamt gehört.

Sparkonto gutzuschreiben. Das Wichtigste ist ohnehin der Dauerauftrag, damit du erst gar nicht in Versuchung gerätst, das Geld anderweitig auszugeben. Du limitierst deine Ausgaben künstlich, am besten stellst du dir dein Sparkonto wie Fort Knox vor: Jede widerrechtliche Entnahme wird schwere Konsequenzen haben! Im schlimmsten Fall Altersarmut.

Falls du es fertigbringst, mehr als 50 Prozent deiner Einnahmen in den Tresorraum zu befördern, spricht auch dagegen nichts – im Gegenteil. Je höher deine Sparrate ausfällt, desto schneller wächst dein Grundkapital, desto eher investierst du in Immobilien und desto früher entstehen Cashflow und Vermögen. Gerade Letzteres unterschätzen viele: Im Regelfall tilgst du pro Jahr 1 bis 2 Prozent deines Immobiliendarlehens und diese Tilgung spiegelt deinen Vermögensaufbau wider. Wie das im Detail funktioniert, schauen wir uns später an.

Geldgrundsatz Nummer 4: Verbindlichkeiten zerstören Vermögen

Zu den Vermögenswerten zählt alles, was einen materiellen oder immateriellen Wert besitzt und somit Teil deines Vermögens ist. Immobilien, Grundstücke, Aktien, Anleihen, Fonds, Rohstoffe, Edelmetalle, Beteiligungen an Kleinunternehmen (KMU), Patente, Lizenzen (zum Beispiel für Software), Buchbeteiligungen, Bausparverträge, Bankguthaben und Bargeld – all das sind Vermögenswerte, wobei die wirklich interessanten einen Inflationsschutz genießen, das heißt, sie werden von der Inflation nicht oder kaum entwertet. Hierunter fallen sämtliche Sachwerte (Immobilien, Aktien, Gold), jedoch keine Geldwerte (Bankguthaben, Bausparverträge, Anleihen). In der absoluten Königsklasse rangieren jene Vermögenswerte, die sowohl gegen Inflation schützen als auch einen regelmäßigen Zahlungsstrom versprechen. Da bleibt leider nicht mehr viel übrig bis auf vermietete Immobilien, Aktien, manche Fonds und KMU-Beteiligungen.

Der Feind eines jeden Vermögenswertes sind Verbindlichkeiten, also Zahlungsverpflichtungen, die du gegenüber Gläubigern hast. Zu den prominentesten Vertretern zählen: Autoleasingverträge, Mobilfunkverträge, Nutzungsgebühren für Fitnesscenter oder Streamingdienste, Ratenkredite für Möbel oder Elektrogeräte oder Unterhalt. Doch nicht immer geben sich Verbindlichkeiten so leicht zu erkennen. Eine gut verdienende Frau hat vielleicht einen Partner, der ihr auf der Tasche liegt und sie mit seinem extravaganten Lebensstil am Vermögensaufbau hindert. Infrage kommt auch eine Freundin, die sich ständig Geld pumpt, es jedoch nie zurückzahlt. Nähmen wir es ganz genau, wäre es zwar keine Verbindlichkeit, da die beiden kein Vertragsverhältnis geschlossen hätten (hoffe ich), aber in die Kategorie »Geldfresser« fielen der parasitäre Partner und die schnorrende Freundin allemal. Fast allen Verbindlichkeiten gemein ist: Sie stehen deinem Vermögensaufbau im Weg. Ein durchaus umstrittener Punkt ist das Eigenheim. Da wir uns im Immogame aber vorrangig mit Immobilien beschäftigen, die *curri* produzieren, gehe ich darauf nicht weiter ein.

Geldgrundsatz Nummer 5: Liquidität bedeutet (finanzielle) Freiheit

Was bedeutet Freiheit? Die Antworten hierauf dürften so verschieden ausfallen wie die Menschen, die danach streben. Für mich ist Freiheit die Möglichkeit, einen Lebensstil zu führen, der meinen Vorlieben entspricht, natürlich unter Einhaltung der

Gesetze und gesellschaftlichen Normen. Doch das ist noch nicht alles. Mein curri, also meine passiven Einnahmen, sollen mir diesen Lebensstil finanzieren, damit ich nicht an meine Reserven gehen muss. Ja, nur von meinem curri leben zu können - das bedeutet wahre Freiheit für mich! Denn so schreite ich mit einer inneren Ruhe durchs Leben und muss mich wenig bis gar nicht um meine (finanzielle) Zukunft sorgen. Geld an sich macht nicht glücklich. Aber Geld ist Mittel zum Zweck. Und wenn es mir Türen öffnet, die mir ansonsten verschlossen blieben, dann macht Geld indirekt eben doch glücklich. Vielleicht träumst du schon lange von einer Neuseelandrundreise. Oder du willst dir einen umfassenden Gesundheits-Check-up leisten, der 3000 Euro kostet und für den die Krankenkasse nicht aufkommt. Jetzt stell dir vor, du müsstest dir über solche Ausgaben nicht den Kopf zerbrechen. Wie würde sich das anfühlen? Selbst dem größten Geldgegner fiele es schwer, diese Vorzüge zu ignorieren.

Doch woher weißt du, was du dir leisten kannst? Schließlich habe ich ein paar Seiten zuvor über die Gefahr von Ausgaben gepredigt und darüber, wie schnell sie dir zum Verhängnis werden. Unter anderem wende ich die *Zweimal-Regel* an. Vor jeder Ausgabe frage ich mich: Kann ich es mir zweimal kaufen? Wir wollen das nicht zu mathematisch betrachten, es dient mehr dazu, die Größenordnung einer Ausgabe einzuordnen. Zwei Packungen Kaugummi werden mich nicht in den Ruin treiben, zwei elektrische Lastenräder schon eher und zwei Eigenheime mit hoher Wahrscheinlichkeit. Die gedankliche Verdopplung der Ausgabe hat aber noch einen weiteren Vorteil: Sie bewahrt mich vor Impulskäufen. Sofern ich weniger Impulsen nachgebe, lege ich eher Geld beiseite; der eigentliche Zweck der Zweimal-Regel ist demnach, dass ich immer weniger ausgebe, als ich mir leisten kann, denn Liquidität ist stets wichtiger als Rentabilität. Liquidität ermöglicht mir, unvorhersehbare Probleme zu bewältigen und Marktchancen wahrzunehmen. Was ich mit Letzterem meine, liest du gleich.

Geldgrundsatz Nummer 6: Schwimm gegen den Strom

In den Jahren 2008 und 2009 stand die Börse unter Schock. Infolge der Weltfinanzkrise, die in der Insolvenz der Großbank Lehman Brothers gipfelte, stießen Tausende Anleger panisch ihre Wertpapiere ab. Sie schwammen mit dem Strom, genauso wie die Jahre zuvor, als sie mit ihren irrationalen Käufen den Kursen von Rekordhoch zu Rekordhoch verholfen hatten. Einige wenige, die das Geschehen kritisch beäugten und den Kollaps kommen sahen, machten hingegen einen phänomenalen Schnitt, indem sie auf fallende Kurse wetteten. Man mag ihnen Unredlichkeit vorwerfen, Profit aus dem finanziellen Leid vieler Menschen zu schlagen, doch aus rein betriebswirtschaftlicher Sicht war es ein Geniestreich. Wie wir wissen, trugen die »faulen Immobilienkredite« maßgeblich zur Weltwirtschaftskrise bei, womit sie einer Vielzahl von Menschen den Appetit auf Immobilien verdarben. Eben deswegen war es für mutige Immobilieninvestoren der Anbeginn einer ruhmreichen Zeit. Eine Niedrigzinsphase brach an, die anfangs nicht jeder einzuordnen wusste, noch dazu fielen die Preise. Wer sich traute, zwischen 2010 und 2012 Immobilien zu kaufen, um sie zehn Jahre später – kurz vor Beginn der Zinssteigerung im Jahr 2022 – wieder zu verkaufen, dürfte vor Lachen nicht in den Schlaf gekommen sein. Wer 2016, 2017 oder 2018 mit dem Investieren begann, wird vermutlich immer noch einen guten Schnitt machen, aber ob erneut eine Verdopplung der Preise realistisch ist, bleibt fraglich. Der Grund dafür: Mitte des vergangenen Jahrzehnts hatten die meisten Investoren begriffen, dass Immobilien in einer Niedrigzinsphase ein lukratives Geschäft sind, entsprechend groß war die Konkurrenz, bis sie schließlich zu Beginn des aktuellen Jahrzehnts ihren Höhepunkt erreichte. Jeder Neuling wollte plötzlich eine Immobilie erwerben. Jeder zweite wurde Makler. Und jeder dritte erfand sich neu als Immo-Coach. Doch jede Party ist irgendwann vorbei, wie auch dieses Mal etliche Investoren schmerzlich erfahren mussten oder gegebenenfalls noch erfahren werden, wenn die Refinanzierung ihrer deutlich zu teuer eingekauften Immobilie ansteht.

Was soll dieses Untergangs-Blabla? Ich denke, du erkennst die Stoßrichtung der Argumentation: Seitdem die Zinsen steigen, sinkt der Konkurrenzdruck wieder. Gute Einkaufschancen bieten sich entweder, wenn du wenig Konkurrenz hast, oder wenn du liquider bist als die anderen. Im Idealfall trifft beides zu. Wobei der Liquideste zu sein eher unrealistisch ist, da es immer noch jemanden gibt, der über mehr Kapital verfügt. Worauf du eher bauen kannst, ist die irrationale Angst, die gerade wieder um sich greift. Wenn die Preise fallen, die Zinsen steigen und sich die meisten Investoren zurückziehen, ist es Zeit, die Augen offenzuhalten. Das gilt im Übrigen nicht nur für den Immobilienmarkt.

Geldgrundsatz Nummer 7: Das Geld muss in Bewegung bleiben

Moment. Erst befürworte ich die Liquidität und nun behaupte ich, Geld müsse immer in Bewegung bleiben, also immer investiert sein, damit es für dich arbeitet und dir curri verschafft. Das ist doch ein Widerspruch biblischen Ausmaßes, oder nicht? Nicht unbedingt. Denn ich rate dir keineswegs dazu, all dein

Geld in Bewegung zu versetzen, außerdem kommt es auch auf den Grad der Liquidität an. Deinen Notgroschen (mindestens sechs Monatsgehälter) solltest du hyperliquide anlegen, sodass du jederzeit darauf zugreifen kannst, falls plötzlich deine Waschmaschine den Geist aufgibt oder der Generator deines Autos beschlossen hat, ab sofort keinen Strom mehr zu produzieren. Hierfür infrage kommt zum Beispiel ein Tagesgeldkonto, auf dem du mittlerweile wieder 2 bis 3 Prozent Zinsen bekommst. Das reicht zwar nicht, um die Inflation zu besiegen, aber man nimmt, was man kriegt. Weniger liquide ist der Teil, den du in Aktien oder ETFs* anlegst. Wenn du dich hierbei auf dividendenstarke Titel konzentrierst, sind mittelfristig Renditen von 8 bis 10 Prozent durchaus realistisch. Falls du nichts von Aktien hältst, kannst du dein Geld auch indirekt in Immobilien investieren, mithilfe von sogenannten REITs. Hinter dieser Abkürzung verbirgt sich der Begriff »Real-Estate-Investment-Trust«, und damit sind Kapitalgesellschaften gemeint, die Immobilien besitzen und verwalten. Klingt nach der Definition eines Immobilienfonds, doch rechtlich unterscheiden sie sich voneinander. Warum ich sie Immobilienfonds vorziehe? REITS müssen 90 Prozent ihrer Gewinne ausschütten und lassen sich einfacher an den Börsen handeln, weil es Aktien sind. Damit sind sie liquider. Ich halte Dividenden-ETFs und REITs für gute Alternativen zu Immobilien, deshalb machen sie 10 Prozent meines persönlichen Depots aus und erwirtschaften eine Rendite von circa 5 Prozent per annum. Das entspricht meinem persönlichen Geschmack und ist bitte nicht als Anlageempfehlung zu verstehen.

* »ETF« steht für »exchange-traded fund« und ist ein börsengehandelter Fonds, der einen ganzen Index abbildet, auf dem Aktien, Rohstoffe oder Anleihen gehandelt werden. Ein Beispiel ist der Deutsche Aktienindex (DAX).

Aktien, ETFs oder REITs lassen sich zwar schnell liquidieren, trotzdem halte ich diese Anlageprodukte für weniger liquide als Geld auf einem Tagesgeldkonto, weil der Depotwert vom Kurs abhängt und der Zeitpunkt der Liquidierung somit ungünstig sein kann. Vermietete Immobilien sind logischerweise noch weniger liquide, aber definitiv liquider als ein individuell eingerichtetes Einfamilienhaus in dörflicher Lage. Für eine rentable Investment-Immobilie findet sich immer ein Käufer; sie innerhalb von drei bis sechs Monaten zu Geld zu machen, scheint mir daher realistisch, erst recht, wenn du bereit bist, leicht unter Marktwert zu verkaufen.

Mit dieser Kombination aus Tagesgeldkonto, Aktien, ETFs, REITs und vermieteten Immobilien giltst du als liquide, gleichzeitig bleibt dein Geld in Bewegung und erwirtschaftet curri. So soll es sein.

Geldgrundsatz Nummer 8: Verbrauche niemals dein Grundkapital

Soeben fiel die Aussage, vermietete Immobilien seien einigermaßen liquide, weil sich im Ernstfall binnen drei bis sechs Monaten ein Käufer für sie finde, sofern sie eine attraktive Rendite versprächen. Und zu dieser Aussage stehe ich. Allerdings liegt die Betonung auf *Ernstfall*. Solange dieser nicht eintritt, ist das Kapital, das die Immobilie gewissermaßen speichert, tabu! Denn dieses gespeicherte Kapital bildet die Grundlage für einen regelmäßigen Ertrag. Eine alte Weisheit lautet: Du kannst ein Schaf viele Male scheren, aber nur einmal schlachten. Deswegen schlachtest du es nur im absoluten Notfall oder wenn es so alt ist, dass es dich mehr kostet, als es dir einbringt. Falls du Veganer bist und mich jetzt am liebsten lynchen würdest – es ist bloß eine Metapher.

Ergo geben wir im Idealfall nur die Erträge aus, also den überschüssigen Cashflow der Immobilie oder die Dividenden des Aktiendepots. Wir häufen Kapital an mit dem Ziel, allein von den Erträgen zu leben; das entspricht dem Mindset vermögender Menschen. Für den Alltag bedeutet das: Wir stellen uns vor jeder Ausgabe die Frage, wie viel Geld wir investieren müssten, um uns das Produkt oder die Dienstleistung allein aus dem Ertrag eines Vermögenswertes leisten zu können. Sagen wir, du interessierst dich für Kopfhörer zu einem Preis von 150 Euro. Unter der Voraussetzung, dass dir ein Vermögenswert eine Rendite von 5 Prozent verspricht, musst du 3000 Euro investieren, um dir pro Jahr einmal die Kopfhörer leisten zu können. Bei einer Rendite von 10 Prozent reichen hingegen 1500 Euro. Aus meiner Sicht ist das die wahre Definition von »sich etwas leisten können«, denn wenn ich einfach nur mein Kapital verbrauche, kann ich mir das Produkt nur einmal leisten. Stichwort geschlachtetes Schaf. Das Spannende an dieser Betrachtungsweise ist, dass uns vieles, von dem wir ausgingen, wir könnten es uns leisten, plötzlich unerschwinglich erscheint.

Zum Beispiel des Deutschen heißgeliebtes Automobil. Um mir ein Auto für 30 000 Euro leisten zu können, was nach heutigen Maßstäben ja ein Schnäppchen ist, würde ich bei einer Rendite von 5 Prozent ein Investment von 600 000 Euro benötigen. Wahnsinn! Gut, man kann ja darauf sparen, magst du einwenden. Bei einer Spardauer von sechs Jahren reduziert sich die Investition auf 100 000 Euro. Wenig erscheint mir das immer noch nicht. Allerdings haben wir bei dieser Betrachtung unterstellt, dass du deine Konsumausgabe als Privatperson tätigst. Günstiger wird es, wenn du die Kopfhörer oder das Auto geschäftlich nutzt und dies dem Finanzamt auch belegen kannst. Welche Unternehmensstruktur sich dafür anbietet, schauen wir uns im letzten Teil des Buches an.

Geldgrundsatz Nummer 9: Wissen × Netzwerk = Vermögen

Selfmade-Vermögende haben haufenweise Wissen in ihre Großhirnrinde befördert, bevor sie vermögend wurden. Was sie anfangs nicht vermochten, entnahmen sie Büchern, Google oder ihrem Netzwerk. Auf jede aufstrebende Person kommen Dutzende, die einen ähnlichen Weg schon längst gegangen sind und ihr Wissen entweder in Literatur verfrachtet haben oder für einen Dialog zur Verfügung stehen. Das theoretische Wissen multipliziert mit der Erfahrung von Vermögenden katapultiert dich in die finanzielle Unabhängigkeit. Ich werde hier nicht näher ins Detail gehen, weil ich allein dem Netzwerken – ein Begriff, den ich nicht mag, doch dazu später mehr – ein eigenes Kapitel gewidmet habe. Dich erwarten nicht nur Strategien, wie du erfolgreicher »bondest«, sondern auch einige persönliche Anekdoten, um dir zu demonstrieren, wie der Beziehungsaufbau funktioniert und wie er garantiert fehlschlägt. Ich rate dir zwar, die Reihenfolge einzuhalten, aber wenn du es nicht abwarten kannst, spring in folgendes Kapitel: »Weshalb du lieber ›wer?‹ statt ›wie?‹ fragst«.

Impulse

- Wie schätzt du deine Geldgewohnheiten ein? Bist du eher sparsam oder spendabel? Was würdest du gern ändern?
- Welchen Geldgrundsatz nimmst du bisher nicht ernst genug?

Die fundamentalen Ws in deinem Immogame

Gute Geldgewohnheiten sind enorm wichtig, das steht außer Frage, aber sie allein machen uns noch nicht sattelfest für den Immobilienerwerb. Was wir zusätzlich brauchen, ist Grundlagenwissen – über den Markt, die Kalkulation, die Vermietung, Steuern, Finanzierungen und so weiter. Zudem sollten wir uns unbedingt von irreführenden Glaubenssätzen befreien, die irgendwann mal den Weg in unsere Köpfe gefunden haben und uns seither unbewusst behindern. Beginnen wir deshalb mit einem Mythos.

Warum dich der Off-market-Mythos ausbremst

Wenn du das Immogame zum ersten Mal spielst, sehnst du dich mit hoher Wahrscheinlichkeit nach einer *Off-market-Immobilie** – nach einer Immobilie also, die das Licht des freien Marktes niemals erblickt, weil sie quasi im Dunkeln den Besitzer wechselt. Diesen Floh hat dir vielleicht ein erfahrener Investor ins Ohr gesetzt, der in den sozialen Medien oder in der Bar mit seiner überaus renditeträchtigen Immobilie prahlte. Wie er daran kam? Über einen Bekannten. Sein zeitlicher Aufwand? Lächerlich gering. Alle Neulinge lauschten mit offenen Mündern und was bei ihnen hängen blieb, war: »Die geilsten Deals werden offline gemacht. Nur Anfänger kaufen Immobilien über das Internet!«

Hinzu kommt, dass dich die vergleichsweise hohen Kaufnebenkosten abschrecken könnten. Inklusive Makler, Notar, Grundbuchamt und Grunderwerbsteuer fallen schnell 14 Prozent auf den Kaufpreis an, von denen du dir wenigstens die 5 Prozent Maklercourtage sparen willst. Ein legitimer Wunsch. Und so wartest du geduldig auf das saftige, aber meistens imaginäre Off-market-Angebot, anstatt mit der Einstellung loszulegen: Der erste Deal muss nicht der beste sein. Der Mythos betrifft somit nicht den Off-market per se, denn der existiert selbstverständlich, vielmehr die Einstellung, man komme anderswo nicht auch an lukrative Deals.

Dass wir uns richtig verstehen: Akribisch den Off-market nach Schmuckstücken zu durchforsten, ist nicht grundsätzlich falsch. Aber es ist der sicherste Weg, erst mal keine Immobilie

* »Off-market« bedeutet, dass der Verkäufer seine Immobilie nicht auf den gängigen Portalen oder in der Zeitung inseriert. Einen Käufer findet er in seinem Netzwerk, in der Nachbarschaft oder mithilfe eines Maklers, der die Immobilie einigen wenigen Menschen »per Zuruf« anbietet.

zu kaufen. Der Grund: Schmuckstücke sind selten, und die Zeit, die dabei flöten geht, sie zu finden, hat finanzielle Auswirkungen. Denn um mit Immobilien Geld zu verdienen, benötigst du diese Zeit. Jahr für Jahr tilgst du das Darlehen, erhöhst hin und wieder die Miete und führst sinnvolle Renovierungen durch mit der Absicht, den Wert der Immobilie zu steigern. Diese Maßnahmen machen sich auf deinem Konto nicht ad hoc bemerkbar, doch mit den Jahren summieren sie sich zu einer hübschen Summe – gesetzt den Fall, du fängst irgendwann an!

Als ich mein Immogame startete, entschied ich mich für einen Zwischenweg. Ich ließ mich von meiner Hausbank in ihren Immobilienverteiler aufnehmen. Fast jede Bank bietet ihre Immobilien inhouse an, bevor sie sie nach zwei bis drei Wochen auf den gängigen Portalen inseriert, um maximale Reichweite zu generieren. Bis dahin sind die Objekte exklusiv, sozusagen weder on- noch off-market. Dieser zeitliche Vorsprung war in der Niedrigzinsphase durchaus von Vorteil, da waghalsige Investoren Objekte kauften, die sie vorher nicht einmal besichtigt hatten. Ja, so absurd war das Marktverhalten. Heute, im Jahr 2024, ist der Vorteil indessen kleiner, aber immer noch vorhanden.

An meine ersten drei, vier Wohnungen bin ich über den Bankverteiler gelangt. Es waren solide Deals, keine Überflieger, jedoch allesamt mit positivem Cashflow. Und das, obwohl es mir anfangs an Eigenkapital mangelte. Für meine erste Wohnung bat ich die Bank sogar um eine 110-Prozent-Finanzierung, soll heißen, ich wurde Immobilieneigentümer trotz 0 Euro Eigenkapitals. Das versprach eine hübsche Eigenkapitalrendite, genauer gesagt war sie unendlich hoch (wie du das berechnest, dazu kommen wir noch).

Bei den vielen Besichtigungen lernte ich immer mal wieder einen Makler kennen. Nicht geplant, eher zufällig. Aber wenn du dich lange genug auf dem Markt bewegst, fällst du den Maklern irgendwann auf. Sie bemerkten: »Schau an, der Tobi kauft immer denselben Immobilientyp: Einzimmerwohnungen.« Sie verstanden, dass ich, wenn sie mir solche anboten, schnelle Kaufentscheidungen traf, was sie mit der Zeit zu schätzen lernten. An dieser Stelle greife ich schon mal vor: Es ist überaus sinnvoll, sich von vornherein in einer Nische zu positionieren, sich also auf einen bestimmten Immobilientyp zu spezialisieren. Dadurch wird deine Bekanntheit eher steigen, als wenn du dich für »alles« interessierst. Außerdem wirst du in deiner Nische nicht nur bekannt, sondern entwickelst dich zum absoluten Profi, was dich wiederum dazu befähigt, die meisten Deals auf die Schnelle im Kopf durchzurechnen.

Mithilfe von Banken und Maklern schuf ich mir ein Portfolio von zehn Wohnungen. Besonders der Kauf über Banken brachte einige Vorteile mit sich, allen voran profitierst du als Anfänger von ihrer Seriosität. Für eine Immobilie, die dir eine Privatperson anbietet, fehlen häufig Unterlagen; schlimmstenfalls ist irgendetwas im Argen, das du als Anfänger schwerlich siehst: schlechte Bausubstanz, Wohnraum nicht eingetragen, Wohnfläche falsch berechnet, Energieausweis unvollständig, Fehler in der Teilungserklärung*. Kaufst du hingegen über eine Bank ein, senkst du dein Risiko deutlich, weil sie für ihr Angebot haftet und daher die Immobilie vorab sorgfältig prüft. Mit ihrer Sorgfalt arbeitet sich die Bank im Grunde selbst zu, denn so kann sie bei Interesse schneller eine Finanzierungsbestätigung ausstellen.

* Eine Teilungserklärung ist ein notariell beglaubigtes Dokument, das die Aufteilung einer Immobilie festlegt. Hieraus lassen sich die sogenannten Eigentumsanteile ablesen, die Aufschluss darüber geben, zu wie viel Prozent die jeweiligen Eigentumswohnungen zur Immobilie zählen.

Auf keine meiner ersten zehn Immobilien stieß ich off-market. Erst meine elfte sollte ich unter der Hand angeboten bekommen, und zwar von einem Handwerker. Sobald du mehrere Immobilien bewirtschaftest, wirst du feststellen, dass regelmäßig Arbeiten anfallen, für deren Erledigung dir entweder die Lust oder die Zeit fehlt. Eine Lampe im Treppenflur fällt aus. Eine Wohnungstür klemmt. Der Briefkasten hängt auf halb acht. Du benötigst eine Person, die deine Immobilie für dich instand hält: einen Allround-Handwerker. Bestenfalls ist dieser handwerklich so geschickt, dass er auch mal eine Trockenbauwand hochziehen, eine Einbauküche installieren, ein Zimmer streichen, ein Fenster reparieren oder Nassräume neu verfugen kann. Insbesondere auf die letztgenannte Arbeit solltest du großen Wert legen, weil du andernfalls früher oder später mit einem Wasserschaden konfrontiert wirst.

Jedenfalls horchte ich in mein Netzwerk hinein, nach einem solchen Allrounder, und wurde schließlich fündig. Wir waren uns sofort sympathisch und da wir regelmäßig zusammenarbeiteten, baute sich Vertrauen auf. Irgendwann kam er mit einer Idee um die Ecke: »Hey, Tobi, ich habe einen Bekannten, der seinen Schreibwarenladen verkaufen möchte. Die Immobilie ist zwar als Supermarkt eingetragen, aber man könnte daraus eine schöne Wohnung machen. Interesse?« – »Hört sich ziemlich nice an. Das Objekt lässt sich bestimmt umwidmen«, war meine knappe Einschätzung. Kurz darauf kaufte ich die Immobilie für 350 000 Euro und besiegelte damit meinen ersten offiziellen inoffiziellen Deal.

Die Vorzüge lagen auf der Hand: Ich hatte bei der Verhandlung weder Konkurrenz noch zahlte ich eine Maklerprovision. Und mein Handwerker wollte dafür keine Entlohnung. Dafür bekam er den Auftrag, den Schreibwarenladen in zwei Wohnungen umzuwandeln. Das war lukrativer für ihn als jede

Tippgeberprovision, denn es gab viel zu tun. Das Auftragsvolumen betrug insgesamt 150 000 Euro.

Jetzt stellst du dir vielleicht die Frage: Warum verkaufen Eigentümer überhaupt off-market, anstatt ihre Immobilie möglichst vielen Menschen anzubieten? Nun ja, dafür gibt es die verschiedensten Gründe. Einer davon ist der Wunsch nach Diskretion. Manche Leute wollen nicht, dass sich ihr geplanter Verkauf in der Nachbarschaft herumspricht, weil man ihnen möglicherweise unterstellt, sie würden aus Geldnot verkaufen. Sie scheuen das Trara um ihre Immobilie und fliegen lieber unterhalb des Radars. Wieder ein anderer Grund könnte sein, dass ihnen viel an einer schnellen Abwicklung liegt. Dieses lästige Inserieren und die vielen Besichtigungen sind ihnen zuwider, denn sie verlangsamen den Prozess, weshalb ein kurz entschlossener Off-market-Käufer für sie die beste Wahl ist.

Über den Off-market an Immobilien zu kommen, ist demnach nichts weiter als eine Frage der Zeit. Off-market bedeutet: Du verfügst über ein ausreichendes Netzwerk beziehungsweise die Akquisefähigkeiten, um an erschwingliche Objekte zu kommen, die dem offenen Markt verborgen bleiben. Das ist eigentlich so einfach, wie es sich anhört, und am Ende nur eine Fleißaufgabe. Hinter dem eben beschriebenen Deal, den ich meinem Allrounder verdanke, liegen vier Jahre intensiver Netzwerkaufbau. Ich pflegte Kontakte zu Bankern, Handwerkern, Notaren, Maklern und anderen Immobilienverrückten. Ich wurde Eigentümer von zehn Wohnungen. Ich häufte Immobilienwissen en masse an. Und ich hatte eine Vision. Der entscheidende Schritt, die erste Immobilie zu kaufen, lag in meiner Sehnsucht nach einem passiven Cashflow begründet – sie trieb mich an. In meinem Kopf reifte der Gedanke: »Schau mal, wenn ich diese Wohnung kaufe, dann erwirtschaftet sie mir 120 Euro passiven Cashflow pro Monat.« Und als das Geld dann wirklich auf meinem Konto einging, ich also Zeuge wurde, dass es so wie in meiner Vorstellung funktionierte, motivierte mich das enorm zum Weitermachen.

Mein abschließendes Plädoyer: Fang an! Begib dich zügig auf den offiziellen Markt und sammle dort Erfahrungen. Ohne die richtigen Kontakte würdest du am Anfang zu viel Zeit mit der Suche nach einer Off-market-Immobilie vergeuden und diese vergeudete Zeit würde zu Opportunitätskosten führen, die du als umsichtiger Investor in deiner Kalkulation berücksichtigen müsstest. Schnelligkeit schlägt Perfektion. Oder anders formuliert: Unter Umständen ist ein schneller Deal mit 4 Prozent Rendite besser als ein langsamer mit 6 Prozent. Hierzu eine letzte Anekdote.

Im Jahr 2017, kurz nach meiner GmbH-Gründung, landete ein Off-market-Angebot über zwei Mehrfamilienhäuser in einer Stuttgarter AAA-Lage auf meinem Schreibtisch. Haben wir sie gekauft? Bisher leider nicht. Der Eigentümer selbst bewohnt die Dachgeschosswohnung und ist schon relativ betagt. Es gibt keinen Aufzug, er muss jeden Tag die Treppen hoch- und runterlaufen, und doch hat er Schwierigkeiten damit, sich von seiner Immobilie zu trennen. Noch dazu findet er keine vernünftige Alternative mit ausreichend Wohnfläche. Er würde ja mit seiner Frau umziehen, solange er weiterhin in der Stuttgarter Innenstadt wohnen kann. Na, wenn's weiter nichts ist! Offenkundig sucht er nach einer Nadel im Heuhaufen und wir stecken seitdem in den Verhandlungen mit ihm. Zur Erinnerung: Wir schreiben das Jahr 2024. Aktuell bahnt sich eine neue Verhandlungsrunde an und diesmal stehen die Chancen ganz gut. Ohnehin läuft diese Geschäftsanbahnung für mich eher nebenher, aber stell dir mal vor, ich hätte seit sieben Jahren keinen Deal geschlossen, weil ich auf diesen einen Wahnsinnsabschluss warten würde. Ein auf den ersten Blick weniger attraktiver Deal wäre langfristig sicherlich die lukrativere Alternative gewesen. Denn wenn ich sieben Jahre früher investiere, tilge ich auch sieben Jahre eher 2 Prozent pro Jahr. Das bedeutet bei diesem Mehrfamilienhaus: 2 Prozent von 2 Millionen Euro, wir reden demnach von 40 000 Euro pro Jahr. Multipliziert mit sieben entspricht das 280 000 Euro, die mir ein anderer Deal schon hätte einbringen können. Keine unwesentliche Summe.

Also lass dich bitte nicht vom Off-market-Mythos aufhalten. Der erste Deal unter der Hand kommt irgendwann, verlass dich drauf. Bis dahin üb dich in Geduld und begib dich ins Marktgetümmel. Wie du dort im Detail vorgehst, um an deine erste Immobilie zu kommen, hängt davon ab, ob du dich als aktiven oder passiven Investor betrachtest. Darum dreht sich das nächste Kapitel.

Impulse

- Befass dich mit den Grundlagen und bau dir ein Netzwerk auf, dann kommen die Off-market-Deals irgendwann von allein.
- Trenne dich von der Sichtweise, auf den gängigen Portalen gebe es keine guten lukrativen Immobilien.

Welcher Investorentyp du bist

Einige Investoren, die vorgeben, aktiv zu sein, wollen eigentlich lieber passiv investieren. Sie streben nicht danach, das Immogame mit vollem Einsatz zu spielen, sondern wollen ihr

Kapital schlicht »anlegen«. Wiederkehrende Einnahmen verbuchen, aber wenig bis gar nichts dafür tun – das ist der Traum, nicht wahr? Deswegen ködert uns in den sozialen Medien auch jeder Zweite mit dem ominösen »passiven Einkommen«, das bei kritischer Betrachtung niemals zu 100 Prozent passiv ist. Jedoch gibt es tatsächlich Möglichkeiten am Immobilienmarkt, um als Investor der Passivität ziemlich nahezukommen.

Der passive Weg

Sofern du eine Immobilie besitzen, sie aber nicht aktiv managen willst, wirst du relativ schnell auf die sogenannten *Kapitalanlageimmobilien* stoßen. Eine Kapitalanlageimmobilie ist ein Objekt, das von einer Vertriebsgesellschaft vermarktet wird und das du üblicherweise nicht auf den gängigen Immobilienportalen findest. Was sie von herkömmlichen Immobilien unterscheidet? Das All-inclusive-Paket. Als Käufer einer Kapitalanlageimmobilie musst du dich im Grunde um nichts selbst kümmern. Der Service erstreckt sich über das Zusammentragen sämtlicher Dokumente, die die Grundlage der Finanzierung bilden, bis hin zur Neuvermietung und Instandhaltung. Mit all dem hast du nichts am Hut. Jetzt kommt das Manko: Diesen Service lässt sich die Vertriebsgesellschaft bezahlen, und zwar in Form eines Kaufpreisaufschlags. Dieser ist auch der Grund dafür, dass Kapitalanlageimmobilien gemeinhin als überteuert gelten. Doch ich sehe das weniger kritisch. Ihr Preis ist zwar höher, aber dafür erhalten Käufer in der Regel eine geprüfte Immobilie in einer funktionierenden Lage, und das bietet gerade unerfahrenen Investoren einen barrierefreien Einstieg in das Immogame.

Lass uns einen konkreten Fall durchspielen. Denken wir an einen schwer beschäftigten Chirurgen in den Vierzigern, dem seine Hände einen hübschen Stundenlohn erwirtschaften. Da er Realist ist, weiß er, dass er nicht ewig auf diesem Niveau operieren kann. Noch funktionieren seine Hände tadellos, doch er möchte sich absichern, indem er einen Teil seines Geldes in Immobilien investiert. Ein kluger Schachzug! Hat der Chirurg Lust auf aktives Immobilienmanagement? Wohl kaum. Er hält sich an das selbst kreierte Sprichwort »Chirurg, bleib deinen Leisten(brüchen)!« und entscheidet sich für den Kauf einer voll gemanagten Kapitalanlageimmobilie. Mit 20 000 Euro zahlt er eine Vierzimmerwohnung in Stuttgart an, der Kaufpreis beträgt rund 300 000 Euro. Ferner gehen wir davon aus, dieser Preis sei recht hoch gegriffen und 270 000 Euro marktüblich, allerdings ist darin der besagte Service inbegriffen. War die Investition klug oder hat er sein Geld verbrannt?

Um das beantworten zu können, bleibt uns nichts anderes übrig, als in die Vergangenheit zu blicken. Falls der Chirurg diesen Deal im Jahr 2014 abgewickelt hat, steht er heute (im Jahr 2024) ziemlich gut da, und das trotz des damals höheren Kaufpreises. Kurz nach Ablauf der Zehn-Jahres-Frist verkaufte er seine Wohnung für 600 000 Euro und heimste damit einen steuerfreien Ertrag von 280 000 Euro ein, den er nun reinvestieren kann. Seine Wohnung hat 20 000 Euro in 280 000 Euro verwandelt, was dem 14-Fachen des eingesetzten Kapitals entspricht. Und bei dieser Rechnung ist noch nicht einmal die Tilgung berücksichtigt. Das heißt, selbst wenn er nicht einen Euro getilgt hätte, wäre seine Kapitalanlageimmobilie ein überaus lukrativer Deal gewesen. Jetzt verrate ich dir noch etwas: Der Chirurg – er hört übrigens auf den Namen Clemens – hat nicht nur eine Kapitalanlageimmobilie gekauft, sondern jedes Jahr eine, also insgesamt zehn. Dämmert dir, worauf ich hinauswill? Richtig, Clemens hat zwar für zehn Immobilien einen Preisaufschlag für den Service bezahlt, freut sich aber trotzdem wie ein Kind in der Gummibärchenfabrik über den heutigen Wert seines Portfolios. Falls dir ein Investment mit ähnlichem Risikoprofil und vergleichbarer Rendite bekannt ist, ruf mich bitte umgehend an. Ich habe es noch nicht gefunden. Jetzt fragst du dich vielleicht, wie Clemens hätte reagieren sollen, falls der Immobilienmarkt nach zehn Jahren geschwächelt hätte. In diesem Fall hätte er seine Wohnungen behalten. Denn nur weil die Preise fallen, fallen die Mieten noch lange nicht. Das können wir aktuell (2024) in deutschen Großstädten wie Frankfurt, Stuttgart oder München beobachten. Die Preise fallen oder stagnieren zwar, aber wegen des Wohnraummangels steigen die Mieten weiter. Und wenn die Mieten steigen, steigen mittelfristig auch wieder die Kaufpreise – Clemens ist beruhigt.

Grundsätzlich eignen sich Kapitalanlageimmobilien für alle, die nicht auf diese starke Assetklasse verzichten, sich aber ebenso wenig damit befassen wollen. Die Hausverwaltung übernimmt die Bewirtschaftung, stößt Renovierungen an, ja, sie findet sogar neue Mieter. Lediglich ein paar Abrechnungen erreichen Clemens, doch die kann er prima von seinem Steuerberater bearbeiten lassen. Auch für Einsteiger hat die Kapitalanlageimmobilie ihren Reiz. Denn obgleich Kapitalanlageimmobilien teurer sind als der Marktdurchschnitt, hat die Vertriebsgesellschaft sie meistens im Detail geprüft. Ohne Vorwissen ist es also vermutlich riskanter, eine Immobilie von einer Privatperson zu kaufen, weil einem Neuling die Unzulänglichkeiten oft verborgen bleiben. Auf zwei Dinge müssen passive Investoren, die von einer Vertriebsgesellschaft kaufen, allerdings unbedingt achten:

1. *Auf die Vermietungssituation.*
   Häufig vermarkten Vertriebsgesellschaften Immobilien, die nur scheinbar rentabel sind. Vorsicht ist

beispielsweise bei Monteurwohnungen geboten. Aufgrund der vielen Mietverträge liegt die Gesamtmiete im Verhältnis zum Quadratmeterpreis außergewöhnlich hoch. Kommt es zu einem Mieterwechsel, nach dem die Wohnung klassisch vermietet wird, sinkt die Rendite drastisch; vielleicht halbiert sie sich von 4 auf 2 Prozent. Dann geht die Rechnung nicht mehr auf, es sei denn, die Rendite lag anfangs bei 6 Prozent oder höher. Es empfiehlt sich daher, stets mit der ortsüblichen Miete zu rechnen! Die Kalkulation darf ruhig ambitioniert sein, denn die Mieten werden mittelfristig massiv steigen, so meine Einschätzung. An einer gesunden Portion Realismus sollte es ihr aber trotzdem nicht mangeln.

2. *Auf den negativen Cashflow.*
   Immobilieninvestments sollten dazu dienen, die eigene Bonität zu verbessern, nicht dazu, sie zu verschlechtern. Anfangs ist ein negativer Cashflow von 100 bis 500 Euro pro Immobilie und Monat in Ordnung, aber nur, wenn sich dieser mittelfristig in einen positiven ummünzen lässt. Möglich ist das zum Beispiel durch eine Mietanpassung bei Neuvermietung, mit der sich eine Kapitalanlageimmobilie verhältnismäßig schnell aus den roten Zahlen holen lässt. Das sollte spätestens nach fünf Jahren der Fall sein, idealerweise früher. Denn wir müssen keinen Doktor in Mathematik haben, um zu erkennen, dass die Bonität von Clemens erheblich leidet, falls er zehn Wohnungen mit einem negativen Cashflow von je 500 Euro besitzt. Er hätte dann jeden Monat 5000 Euro auf der Uhr, was selbst einem geschickten Chirurgen finanziell wehtun könnte. Besondere Vorsicht gilt, wenn ein hoher negativer Cashflow gemeinsam mit einer

absurd hohen Miete auftritt, denn dadurch steigt das Risiko abermals: Der Cashflow könnte bei Neuvermietung weiter sinken.

Der aktive Weg

Da du dir dieses Buch zugelegt hast, erlaube ich mir die These, dass der aktive Weg einen größeren Reiz auf dich ausübt als der passive. Du möchtest die Figuren in deinem Immogame eigenhändig setzen und bist bereit, dafür Zeit zu investieren? Falls du noch unentschlossen bist: Keine Sorge, am Ende dieses Kapitels wird sich eine Tendenz zeigen.

Im Grunde sind aktive Immobilieninvestoren nichts weiter als Unternehmer. Sie haben die Muße, einen Investitionsstandort auszuwählen, Objekte zu besichtigen, diese zu bewerten, Unterlagen vorzubereiten, vor Banken zu pitchen, Renovierungen anzustoßen, Handwerker zu koordinieren und sich eigenständig ihre »Kunden« auszusuchen: die Mieter. Es liegt auf der Hand, dass hierfür gewisse Fähigkeiten nötig sind, allen voran die Bereitschaft, Entscheidungen zu treffen und Probleme zu lösen. Doch wie geht ein aktiver Investor vor? Wir unterstellen an dieser Stelle, dass du dich bereits für einen Standort entschieden und auf einen bestimmten Immobilientyp festgelegt hast. Zum Beispiel: Dreizimmerwohnungen in Heilbronn. Was es hinsichtlich der Lage, der verschiedenen Immobilientypen sowie der Bausubstanz zu beachten gilt, erfährst du detailliert im folgenden Kapitel. Wichtig ist hier und jetzt nur, dich gedanklich auf den Weg vorzubereiten, den ein aktiver Investor einschlägt.

Um Dreizimmerwohnungen in Heilbronn ausfindig zu machen, wartest du am besten so lange, bis dir jemand ein Offmarket-Angebot unterbreitet. Haha, von wegen. Nein, dieses passive Vorgehen kommt für dich nicht infrage, stattdessen gräbst du dich als Erstes durch sämtliche Immobilienportale. Hier eine Inspiration, welche dir zur Verfügung stehen:

Immobilienscout24.de, Immowelt.de, Immonet.de, Wohnungs boerse.net, Immobilien.de, regionalimmobilien24.de, Immopool.de, Kleinanzeigen.de, Meinestadt.de, Ohne-makler.net

Erstelle Suchaufträge, sodass dich die Portale mit massenhaft E-Mails überfluten; es schadet nicht, wenn dich die schiere Menge nervt. Wie willst du sonst 50 Besichtigungstermine vereinbaren? Ich weiß, was du jetzt denkst: »50? Ist der Typ irre?« Das mag nach viel klingen, aber wenn du es wirklich ernst meinst, besichtigst du 50 Objekte in gerade einmal vier Wochen. Zu meiner Verteidigung sei gesagt: Niemand hat behauptet, aktiv in Immobilien zu investieren, sei ein Leichtes. Ich könnte dich jetzt mit Kalendersprüchen wie »Erfolgreiche Menschen leisten mehr als der Durchschnitt« oder »Das Glück liegt außerhalb der Komfortzone« beschwingen, doch das scheint mir überflüssig. Also zurück zum Kern. Nach 50 Besichtigungen hast du definitiv mehr Ahnung von Immobilien als vorher, darum geht es primär. Makler oder Eigentümer verraten dir Wissenswertes über Heizungen, Dächer, Bäder, Fenster, Elektroinstallationen, Wände, Türen, Dämmungen, Solaranlagen, Energieausweise, Wohnflächenberechnungen, Grundrisse, Teilungserklärungen, Grundbücher, Grundstücke, Quadratmeterpreise und Mietspiegel. Ganz nebenbei schärfst du deine Sinne für die Klientel, die du in einer bestimmten Lage bei einer bestimmten Wohnungsgröße erwarten darfst. Hierzu eine Anekdote.

Einmal interessierte ich mich für eine Wohnung in einem Objekt mit 50 Einheiten. Als ich zur Besichtigung erschien, stand das Eingangstor schon offen; offensichtlich war es aufgebrochen worden. Mit anderen Worten: Das Objekt stand permanent offen, was der Makler im Exposé jedoch verschwiegen hatte. Auf dem Weg zur Wohnung verschlechterte sich mein Eindruck noch weiter. Wir gingen an einigen Wohnungen vorbei, denen die Wohnungstür fehlte. Auf meine Frage, wie es dazu gekommen sei, meinte der Makler, er kenne die Ursache nicht. Doch dann trafen wir zufällig den Hausmeister. Er erzählte uns frei von der Leber weg, dass er für die Mietverwaltung verantwortlich sei, und weihte uns in seine Strategie ein: »Wer nicht zahlt, bekommt die Tür ausgebaut.« Daraufhin präsentierte er uns noch stolz seine beiden Baseballschläger und schloss mit den Worten: »In meinem Haus läuft alles!« Eine hilfreiche Begegnung, denn sie machte mir die Entscheidung leicht. Nur ein Wahnsinniger würde in dieses Objekt investieren.

Solche Daten erhebst du nicht aus der Ferne vom Sofa oder Schreibtisch aus, nein, dafür musst du die Immobilie betreten. Dennoch empfehle ich dir kein Entweder-oder, sondern ein gesundes Sowohl-als-auch. Du hast schließlich noch freie Kapazitäten. Parallel zu den lächerlichen 50 Besichtigungen eignest du dir theoretisches Wissen an, im Web oder auf klassischem Weg: Bücher, YouTube, Fachartikel, Social Media. Folge den Playern am Immobilienmarkt – aus ihren Storys wirst du einiges mitnehmen. Und falls du besonders strebsam bist, lässt du dich schon vor der ersten Besichtigung von deiner Bank »einwerten«. Auf diese Weise kennst du die maximale Darlehenshöhe, die sie dir gewährt, was dich davon abhält, Objekten nachzujagen, die du dir nicht leisten kannst. Außerdem besichtigst du natürlich nur Immobilien, die aus deiner derzeitigen Perspektive als Investment infrage kommen. Das bedeutet, falls dein favorisierter Standort Heilbronn ist, versuchst du nicht, die 50 Besichtigungen zu erzwingen, indem du plötzlich Makler in Zwickau kontaktierst.

Abschließend noch ein paar Worte zu Maklern. Viele Immobilienkäufer sträuben sich dagegen, einen Makler zu involvieren, entweder weil sie Vorurteile haben oder weil ihnen die Maklerprovision wie eine Zumutung erscheint. Dazu sei gesagt: Genau wie Banken haften Makler für ihr Angebot. Besonders Anfänger profitieren davon, da ihr Blick für die Fallstricke einer Immobilie eben noch nicht so geschärft ist wie der eines Profis. Betrachte die Maklerprovision daher als Versicherung, die dich (zumindest ein Stück weit) vor einer unklugen Entscheidung bewahrt. Im Übrigen ist es eine Dienstleistung, die durchaus ihren Wert hat. Ein Makler ist mehr als der sprichwörtliche »Türöffner«. Mit seinen Beziehungen kommt er an Deals, an die du nicht kommst, und dafür lässt er sich zu Recht gut bezahlen.

Impulse

- Also gut, Hand aufs Herz: Sieht aus deinem Blickwinkel der aktive oder der passive Weg einladender aus? Frag dich, wie viel Zeit du wöchentlich in dein Immogame investieren möchtest, dann findest du die Antwort.
- Falls du dich für den aktiven Weg entscheidest: Starte eine Google-Suche und finde zehn Makler in deiner Umgebung.

Was du über eine Immobilie wissen solltest

Was wir über eine Immobilie wissen *könnten*, darüber haben Sachverständige schon ganze Bücher geschrieben. Doch wir beschränken uns hier auf das, was wir als Investoren wissen *sollten,* sozusagen auf das tragfähige Fundament einer jeden Immobilieninvestition. Wir beginnen bei der Lage, hangeln uns entlang verschiedener Gewerke und enden bei Trends, die derzeit aufkommen.

Lage

Der Volksmund rät zu: Lage, Lage, Lage. Warum gleich dreimal? Weil wir diesen Rat wörtlich nehmen müssen, denn die Wiederholung steht eigentlich für: *Makrolage, Mesolage, Mikrolage.* Ausgeschlafene Investoren prüfen diese »drei Ms« im Detail, bevor sie einen Kaufvertrag unterzeichnen, weil die Rentabilität maßgeblich von ihnen abhängt.

Makrolage

Eine attraktive Makrolage erhöht die Chance auf langfristige Vermietung ungemein. Aber was heißt »attraktiv«? Welche Kriterien erfüllt eine attraktive Makrolage? In jedem Fall befinden sich in der Nähe ein Flughafen, eine Autobahn sowie eine Universität. Dieses Angebot lädt Menschen und Firmen ein, sich dort niederzulassen und eine Existenz zu gründen. Doch das allein genügt nicht. Ziehe ebenfalls die Wachstumsperspektive der Makrolage ins Kalkül. Wie steht es um die Industrie? Wie abhängig ist sie von einer Branche? Der Stuttgarter Großraum hängt massiv an der Zitze der Automobilindustrie, das niedersächsische Wolfsburg sowieso. Jetzt mag man darüber streiten, ob die deutschen Automobilisten dem Untergang geweiht sind, viel wichtiger scheint, dass diese Abhängigkeit gewisse Risiken für Immobilieneigentümer birgt. Man denke an Detroit. Die einst blühende Industriestadt hat noch immer mit Leerstand zu kämpfen, obwohl die

Krise der Autoproduktion bereits in den 1970er-Jahren gipfelte und sich die Stadt heute wirtschaftlich einigermaßen erholt hat. Es empfiehlt sich, auf eine Makrolage zu setzen, wo die ansässige Industrie mit Diversifikation punktet, wie zum Beispiel das Rhein-Main-Gebiet oder ähnliche Ballungsgebiete um rapide wachsende Städte.

Die Zukunftsträchtigkeit des Standorts ist das eine, in welchem Radius um deinen Wohnsitz sich die Immobilie befindet, das andere. Ich fühle mich wohl damit, wenn ich meine Objekte innerhalb von einer halben Stunde erreiche, doch das ist ein subjektives Empfinden. So kann ich mich spontan um Kleinigkeiten kümmern, wie eine Glühbirne zu tauschen oder einen neuen Toilettensitz in unserer Shisha-Bar zu montieren, weil jemand ihn zum sechsten Mal gesprengt hat. Klasse! Scherz beiseite, für mich hat sich die Nähe zum Objekt bewährt, andere Investoren managen ihre Immobilien aber auch aus der Ferne mit Bravour. Solange sie über ein solides Handwerkernetzwerk verfügen, ist vieles möglich. Und falls du passiv investierst, ist dir die Lage erst recht schnuppe, da dir die Hausverwaltung sämtliche Arbeiten abnimmt.

Mesolage

Wie würdest du die Gegend beschreiben, in der du wohnst? Während du diese Frage beantwortest, sprichst du über die Mesolage. Um von der Makrolage dorthin zu gelangen, zoomst du gedanklich weiter hinein, jedoch nicht zu weit. Nur so weit, dass du ein Stadtviertel überblickst oder einige Straßenzüge, die ein bestimmtes Flair umgibt. Mesolagen in meiner Heimat sind beispielsweise Stuttgart-West, Stuttgart-Ost oder Killesberg. Bevor du eine Immobilie kaufst, erkunde die Mesolage mit dem Auto, dem Fahrrad oder gleich zu Fuß. Achte auf die Menschen, die dort leben, wie sie sich kleiden und in welchen

Restaurants und Geschäften sie verkehren. Wozu? Sie sind vielleicht deine zukünftigen Mieter. Mach dir auch ein Bild von der lokalen Infrastruktur (Bus, Tram, S-Bahn, E-Scooter) und dem Freizeitangebot. Was bietet die Lage im Radius von 2 Kilometern? Kindergärten, Schulen, Ärzte, Kinos, Bars, Spätis, Golfplätze? Grundsätzlich gilt: Je reichhaltiger das Angebot, desto attraktiver die Lage, je spärlicher, desto unattraktiver. Wirf aber ebenso einen Blick auf die »Struktur«. In jeder strukturstarken Makrolage haben sich strukturschwache Mesolagen gebildet, in denen das Ambiente überraschend fragwürdig ist. Das bringen Ballungszentren eben mit sich. Als umsichtiger Vermieter begrüßt du es, wenn deine Mieter auch nach 18 Uhr ruhigen Gewissens das Haus verlassen können.

Mikrolage

Der Übergang von Meso- zu Mikrolage ist fließend. Über finstere Mesolagen sprachen wir bereits. Doch ein Sicherheitsrisiko ist nicht das Einzige, das dich bei der Besichtigung stutzig machen sollte, ein hoher Lärmpegel ebenfalls. Stell dir vor, das von dir auserkorene Objekt liegt in einem Hipster-Viertel mit modernen Bars und gemütlichen Cafés, jedoch unmittelbar an einer Hauptverkehrsader. Alle zehn Minuten rauscht ein Einsatzfahrzeug vorbei, das ausgerechnet auf deiner Höhe das Martinshorn einschaltet. Ganz zu schweigen von der Rushhour, während der du dich wie in Shanghai fühlst. In absoluten Toplagen mögen dir deine Mieter diese Turbulenz verzeihen, dennoch werten der Lärm und die Abgase den Standort erheblich ab. Pluspunkte sind hingegen: fußläufige Einkaufsmöglichkeiten, eine Bushaltestelle um die Ecke und ein Park in der Nähe, wo Frauchen joggen und ihr Hund austreten kann. Versetz dich in die Lage deiner potenziellen Mieter: Was käme ihnen gelegen, was stieße ihnen bitter auf?

Lass uns annehmen, du hast ein Objekt in einer werthaltigen Lage gefunden. Wie geht es weiter? Wir wollen für den Anfang davon ausgehen, dein Kaufinteresse gelte einer einzelnen Wohnung, nicht gleich einem Mehrfamilienhaus. Als Wohnungseigentümer genießt du den Schutz der Wohneigentümergemeinschaft (WEG) sowie die Unterstützung der Hausverwaltung. Diesen Rückenwind wissen viele Anfänger zu würdigen, denn als Käufer eines Mehrfamilienhauses steigst du sofort eine Liga höher ein. Du hast zwar die maximale Freiheit, weil du dich nicht mit anderen Eigentümern abzustimmen brauchst, doch diese Freiheit hat ihren Preis. Du musst dich um sämtliche Angelegenheiten selbst kümmern, gerade bei technischen Fragen gerätst du schnell an deine Grenzen. Doch ungeachtet der Frage, ob du eine Wohnung oder ein Haus kaufst – technisches Wissen hilft immer! Deswegen beleuchten wir die Immobilie jetzt im Detail.

Baujahr und Bausubstanz

Während des Krieges und in den zwei Jahrzehnten danach hatten die Leute wenig Geld, und das spiegelt sich leider in der Bausubstanz wider. Anwendung fanden günstige Materialien wie Sand, weshalb sowohl die Geräusch- als auch die Wärmeisolierung zu wünschen übrig ließ. Doch es geht noch schlimmer. Als ich kürzlich die Wände meiner Altbauwohnung geöffnet habe, sind Zeitungen aus dem Jahr 1942 zum Vorschein gekommen. Die Energieexperten mögen mich eines Besseren belehren, aber ich halte Papier nicht für den besten Baustoff. Na ja, im Krieg nahm man eben, was gerade verfügbar war. Ab den 1970er-Jahren besserte sich die allgemeine Bausubstanz, wirklich solide wurde sie aber erst ab den 1990er-Jahren. Gebäude von vor dem Krieg (1920er- und

1930er-Jahre) sind begehrt, weil sie ihren Bewohnern hohe Decken und Stuck bieten, allerdings auch Holzbalkendecken, die im Vergleich zu Betondecken hellhörig und weniger belastbar sind. Eine Interessentin zieht nur ein, wenn sie ihr 2-mal-2-Meter-Aquarium und ihr Wasserbett aufstellen darf? Das könnte zu einem statischen Problem werden. Ferner bedeuten hohe Decken mehr Raumvolumen, mehr Raumvolumen wiederum höhere Heizkosten und höhere Heizkosten eine gesalzene Betriebskostenabrechnung, die bei Mietern nicht gerade Jubelschreie auslöst. Der Altbau hat seinen Charme, ungewiss bleibt jedoch, inwieweit die Beliebtheit unter den steigenden Energiekosten leiden wird.

Wichtiger als das Baujahr und die Heizkosten ist ohnehin der Sanierungsstand. Wie das Objekt buchstäblich dasteht, darüber gibt nicht nur die Besichtigung Aufschluss, sondern auch die letzten drei, vier Protokolle der Eigentümerversammlung. Die letzten fünf, sechs, sieben Protokolle wären noch besser, denn du liest prima heraus, was schon seit Jahren »mitpendelt«, weil die WEG die hohen Sanierungskosten scheut. Falls mehrfach Begriffe auftauchen wie »Tiefgarage«, »Aufzug«, »Fenster«, »Dach«, »Fallstränge«, »Balkone« oder »Fassadendämmung«, könnte in naher Zukunft dein Konto belastet werden. Erkennst du einen Sanierungsstau, berücksichtige in deiner Kalkulation unbedingt einen Puffer für etwaige Sonderumlagen. Wie hoch der Puffer ausfallen sollte, ist pauschal schwierig zu beantworten, denn die Sonderumlage hängt auch von der Rücklage der WEG und dem Eigentumsanteil ab. Aber rechne mindestens mit 10 000, besser mit 20 000 Euro. Ein Sanierungsstau muss kein Ausschlusskriterium sein, solange du ihn einkalkulierst und die Wohnung auch danach noch lukrativ erscheint. Außerdem lässt er sich als Verhandlungsargument nutzen.

Gesetzt den Fall, du kaufst doch das ganze Haus, noch ein Hinweis: Wenn die Gebäudehülle von haufenweise Rissen durchzogen ist, könnte das auf ein statisches Problem hindeuten. Ziehe im Zweifel einen Sachverständigen zurate oder verhandle ein Gutachten mit in den Kaufvertrag hinein, das der Verkäufer zahlt.

Energieausweis

Neulich habe ich in einem Vortrag etwas Witziges gehört: »Früher hieß es ›Lage, Lage, Lage‹. Heute heißt es ›Lage, Lage, Energieausweis‹.« Der Energieausweis ist in aller Munde, spätestens seit Inkrafttreten des neu geregelten Gebäudeenergiegesetzes (GEG) am 1. Januar 2024. Eine der Neuerungen besagt, »dass jede neu eingebaute Heizung zu 65 Prozent mit erneuerbaren Energien betrieben werden muss (65-Prozent-EE-Pflicht)«, was jedoch zunächst nur für Neubauten in einem Neubaugebiet gelte.[1] Auf sämtliche Neuerungen einzugehen, würde den Rahmen dieses Buches sprengen, lieber widmen wir uns dem Energieausweis samt seinen Energieeffizienzklassen und leiten daraus ab, wie sich der ökologische Hausabdruck verbessern lässt. In jedem Fall prüfst du den Energieausweis sorgfältig, bevor du einen Kaufvertrag unterzeichnest, da dich der Staat zu teuren Sanierungsmaßnahmen zwingen könnte.

Welcher Energieausweis liegt vor?

Man unterscheidet zwischen einem *Verbrauchs-* und einem *Bedarfsausweis*. Die günstigere und daher häufiger anzutreffende Variante ist der Verbrauchsausweis, dessen Erstellung zwischen 25 und 100 Euro kostet. Darin erfasst ist der tatsächliche Gebäude-Energieverbrauch eines bestimmten Zeitraums. Der Verbrauchsausweis berücksichtigt das individuelle

Nutzungsverhalten der Bewohner, das heißt, die ermittelten Werte sind mit Vorsicht zu genießen, da die Gewohnheiten verschieden sind. Der eine duscht jeden Morgen fünf Minuten, die andere lässt sich jeden Abend ein Bad ein. Die Grundlage für den Verbrauchsausweis bilden die Heizkostenabrechnungen von drei aufeinanderfolgenden Jahren, außerdem müssen Leerstände berücksichtigt werden. Damit eignet sich der Verbrauchsausweis für eine grobe Übersicht der Energiekennwerte, für mehr nicht. Im Übrigen ist er nur dann zulässig, wenn sich im Gebäude mindestens fünf Wohnungen befinden, ein Bauantrag vorliegt, der nach dem 1. November 1977 ausgestellt wurde, und das Gebäude nach der ersten Wärmeschutzverordnung von 1977 errichtet beziehungsweise nachgerüstet wurde.

Im Vergleich dazu ist der Bedarfsausweis aussagekräftiger. Er wird auf Grundlage des Baujahrs und der Bauunterlagen berechnet und bezieht demnach die Gebäudeeigenschaften mit ein, und zwar unabhängig vom Nutzungsverhalten der Bewohner. Eine große Rolle spielt der Energiebedarf der Heizung und der Warmwasseraufbereitung, ebenso berücksichtigt wird die Belüftung/Kühlung des Gebäudes. Aufgrund dieser Details lassen sich Gebäude gut miteinander vergleichen, sie sind aber auch der Grund dafür, dass sich der Preis eines Bedarfsausweises auf bis zu 500 Euro beläuft. Damit ist er wesentlich teurer als der Verbrauchsausweis, doch lohnt sich diese Investition, insbesondere um anstehende Modernisierungen abzuschätzen. Dessen ungeachtet ist er Pflicht für:

- Altbauten mit bis zu vier Wohnungen.
- Altbauten, deren Bauantrag vor dem 01.11.1977 gestellt wurde.
- Altbauten, die modernisiert oder erweitert wurden, es sei denn, es wurden maximal 10 Prozent der Fläche modernisiert.
- Neubauten, da für sie noch keine historischen Verbrauchsdaten vorliegen, die als Grundlage für einen Verbrauchsausweis dienen könnten.[2]

Für Bestandsgebäude mit mehr als vier Wohneinheiten, die den Anforderungen der ersten Wärmeschutzverordnung von 1977 genügen und die weder modernisiert noch erweitert wurden, reicht hingegen ein Verbrauchsausweis. Ebenfalls wichtig: Bei Verkauf oder Vermietung muss ein Energieausweis vorliegen, davon ausgenommen sind lediglich denkmalgeschützte Immobilien.

Energieeffizienzklassen

Die Energieeffizienzklassen sollen es Verbrauchern erleichtern, den sogenannten *Endenergiebedarf* eines Gebäudes einzuschätzen, und reichen von A+ bis H. Je geringer der Endenergiebedarf, desto höher und grüner die Klasse. Doch was charakterisiert die Effizienzklassen? Welcher bauliche Standard verbirgt sich dahinter? Anbei ein Überblick:

A+: Energetisch in etwa gleichwertig mit dem Passivhaus. Der Energiebedarf wird weitgehend durch die Sonneneinstrahlung und die Wärmeabgabe der darin befindlichen Personen und Geräte gedeckt (passive Energiequellen).

A: Das Gebäude erfüllt mindestens die Vorgaben der Energieeinsparverordnung (EnEV) 2016. Häuser müssen 25 Prozent weniger Primärenergie verbrauchen als solche, die noch nach den 2015 geltenden Mindeststandards gebaut wurden. Das setzt unter anderem eine höhere Dämmqualität der Gebäudehülle voraus. Hierunter fallen Neubauten mit dem Standard »KfW-Effizienzhaus 55«.

B: Das Gebäude erfüllt mindestens die Standards der EnEV 2014. In diese Klasse fällt zum Beispiel das KfW-Effizienzhaus 70 und die meisten Neubauten, die ab den 2000er-Jahren errichtet wurden.

C: Entspricht ungefähr dem Standard eines Niedrigenergiehauses, das heißt, das Gebäude ist energetisch besser als ein Haus, das nach den Vorgaben der dritten Wärmeschutzverordnung von 1995 errichtet wurde.

D: Kompakte Neubauten aus den 1990er-Jahren, die die Anforderungen der EnEV einhalten, oder modernisierte Altbauten mit hochwertiger Dämmung und effizienter Heizungsanlage.

E: Oft ältere Einfamilienhäuser, welche die Mindestanforderungen der EnEV einhalten, außerdem modernisierte Altbauten, die in etwa die Vorgaben der zweiten Wärmeschutzverordnung von 1982 erfüllen.

F: Komplett modernisierte Altbauten nach den Vorgaben der EnEV für Bestandsimmobilien.

G: Altbauten, die teilweise modernisiert und isoliert wurden. Es handelt sich um rudimentär gedämmte Immobilien, die den Vorgaben der ersten Wärmeschutzverordnung von 1977 entsprechen. In diese Altbauten wurde lediglich eine neue Heizungsanlage eingebaut.

H: In der Regel handelt es sich hierbei um unsanierte Altbauten.

Maßnahmen zur Verbesserung der Energieeffizienzklassen

Als Investor wirst du nur in den seltensten Fällen einen Neubau kaufen, und zwar, weil das Verhältnis von Kaufpreis zu Kaltmiete nicht attraktiv genug ist. Eine Bestandsimmobilie rechnet sich eher, allerdings wirst du sie mit der Zeit modernisieren müssen, um ihren Endenergiebedarf zu senken. Der Umwelt und dem Portemonnaie deiner Miete zuliebe. Mit den folgenden fünf Sanierungsmaßnahmen erzielst du langfristig die größten Effekte:

- *Wärmedämmung:* Isolierung der Außenwände, der Geschossdecken und des Daches mit dem Ziel, den Wärmeverlust zu reduzieren. Ein dichteres Gebäude senkt sowohl den Energiebedarf der Heizung als auch den einer etwaigen Lüftungsanlage.
- *Erneuerung der Fenster:* Ein Großteil der Wärme geht über die Fenster verloren. Doppelt- oder besser noch dreifachverglaste Fenster wirken sich unmittelbar positiv aus, vorausgesetzt, die Installation erfolgt fachmännisch, ohne dass Wärmebrücken entstehen.
- *Erneuerung der Heizung:* Moderne Heizungen senken den Energieverbrauch beträchtlich. Sinnvoll ist der Tausch alter Öl- und Gasheizungen gegen solche mit Brennwerttechnik; als Goldstandard gelten derzeit Wärmepumpen kombiniert mit Solaranlagen. Da die Gesetzeslage im Umbruch ist, verzichte ich auf mehr Details. Beobachte die politischen Entscheidungen, damit du weißt, was künftig vorausgesetzt wird.
- *Einbau einer Lüftungsanlage:* Effiziente Lüftungsanlagen mit Wärmerückgewinnung (hierzu eignen sich auch Wär-

mepumpen) senken zum einen den Energieverbrauch der Heizung, zum anderen beugen sie Feuchteschäden und Schimmel vor. Sie gewinnen Wärme aus der Abluft, gleichzeitig führen sie Schadstoffe ab, die sich in der Raumluft gebildet haben.

- *Einsatz von Smart-Home-Technologien:* Infrage kommen alle technischen Hilfsmittel, die den Energieverbrauch automatisch steuern. Hierzu weiter unten mehr.

Einfluss des Energieausweises auf die Kaufentscheidung

Nun stellt sich die Frage, inwieweit der Energieausweis die Kaufentscheidung beeinflussen sollte. Ich sehe es so: Entweder kennzeichnet die Immobilie bereits eine hohe Energieeffizienzklasse, sodass dich in naher Zukunft keine teuren Modernisierungen erwarten; in diesem Fall sollte dir die Entscheidung leichtfallen, vorausgesetzt natürlich, die Rendite stimmt. Oder das Objekt hat Potenzial, soll heißen, die Immobilie lässt sich mit überschaubarem Aufwand in eine höhere Energieeffizienzklasse befördern. Die Kosten der Maßnahme schätzt du ab und berücksichtigst sie in deinem Kaufpreisangebot. Auch hängt deine Entscheidung für oder gegen die Immobilie davon ab, wie weit du schon als Immobilieninvestor fortgeschritten bist. Frag dich: Traue ich mir eine energetische Sanierung zu oder fühle ich mich mit der anstehenden Fassadendämmung überfordert? Falls du eine Eigentumswohnung kaufst, genießt du die Unterstützung der WEG beziehungsweise der Hausverwaltung, die dich gerade am Anfang entlasten. Planst du hingegen den Kauf eines Mehrfamilienhauses, musst du dich eigenständig darum kümmern, die von der Regierung geforderten Maßnahmen umzusetzen.

Fenster und Rollläden

Entgegen dem allgemeinen Glauben sind Fenster *immer* Gemeinschaftseigentum, unabhängig davon, was dir die Teilungserklärung weismachen will. Falls eine Diskussion aufkommt, berufe dich auf Paragraf 5 Absatz 2 des Wohnungseigentumsgesetzes. Was bedeutet das für dich? Dass du ohne Erlaubnis der WEG nicht einfach ein Fenster tauschen darfst. Außerdem ist die Fenstersanierung eine kostspielige Angelegenheit, da idealerweise gleich alle Fenster des Objekts getauscht werden. Wann dies notwendig ist, vermögen Fensterbauer, Bauingenieure oder Energieberater einzuschätzen; die Wahrscheinlichkeit dafür steigt, falls dich bei Besichtigung einfachverglaste Holzfenster begrüßen, durch die eine frische Brise weht, obwohl sie geschlossen sind. Bei zweifachverglasten Fenstern kommt es auf das Baujahr an, das du häufig am Fensterrahmen (zwischen den beiden Glasscheiben) ablesen kannst. Gehören sie schon länger als 20 Jahre zum Inventar, ist die Gefahr von Undichtigkeiten zwischen Rahmen und Mauerwerk hoch. Undichte Stellen bedeuten Wärmebrücken, und Wärmebrücken erhöhen die Schimmelgefahr, weil an diesem kältesten Punkt die Raumluft kondensiert, in die Wand einzieht und Schimmelsporen idealen Nährboden bietet. Stand der Technik sind heute dreifachverglaste Fenster, die zusammen mit der Außendämmung einer hermetischen Abriegelung gleichkommen; für einen regelmäßigen Luftaustausch sollte dann die Gebäudetechnik selbst sorgen, indem sie die Räume automatisch be- und entlüftet. Wie du die Fensterverglasung erkennst, dazu ein Lifehack: Aktiviere deine Handytaschenlampe und richte sie gegen die Scheibe. Wie oft reflektiert sie den Lichtkegel? Zweimal? Na, dann ist die Scheibe zweifach verglast. Die Flamme eines Feuerzeugs erfüllt denselben Zweck.

Was das Material betrifft, aus dem der Fensterrahmen besteht: Es ist Geschmackssache. Gängig sind Aluminium, Kunststoff oder Holz. Jedes dieser Materialien hat seine Vor- und Nachteile, da du als Besitzer einer Eigentumswohnung die Fenster aber ohnehin nicht ohne Weiteres tauschen wirst, beschränken wir uns darauf, wie du ihren Zustand aufwertest. Dazu gleich mehr.

Grundstücke

Je größer das Grundstück, desto teurer die Bewirtschaftung. Soll es in Schuss bleiben, muss die WEG einen Gärtner engagieren, der die Rasenflächen pflegt, die Wege von Unkraut befreit und die Büsche und Bäume beschneidet. Besonders Bäume sind immer wieder ein Thema. Irgendwann vermorschen sie, sodass sie ein Sicherheitsrisiko darstellen und gefällt werden müssen. Eine Baumfällung kostet gut und gerne 5000, manchmal auch 10 000 Euro und mehr. Was dabei ins Geld geht? Es bleibt nicht bei der Fällung. Denn in vielen deutschen Gemeinden gilt eine Baumschutzsatzung, die den Eigentümern vorschreibt, unter welcher Auflage ein Baum gefällt werden darf. Und diese Auflage bedeutet in vielen Fällen, dass der Eigentümer einen neuen Baum pflanzen muss, wenn er einen alten entfernt. Grundsätzlich sinnvoll, denn Bäume verbessern insbesondere in Stadtgebieten das Klima und weil sie Schatten spenden, senken sie obendrein die Temperaturen in den stickigen Sommermonaten.

Bäume sind aber nicht das einzig Teure auf einem großen Grundstück. Da gibt es Sandkästen, Schaukeln, Klettergerüste, gepflasterte Wege, Beete, Außentreppen, Lampen – um all diese Dinge muss sich die WEG kümmern beziehungsweise jemanden dafür bezahlen. Einige Kosten sind zwar umlagefähig, das heißt, der Mieter trägt sie am Ende, jedoch wirken sich hohe Betriebskosten negativ auf die Vermietbarkeit aus.

Aufzüge

Fast niemand, der im dritten Stock oder höher wohnt, will auf einen Aufzug verzichten. Sobald die Person allerdings erfährt, wie viel Geld ein Aufzug vernichtet, befürwortet sie womöglich das Treppensteigen. Ist sowieso gesünder. Die Kosten für die vom TÜV vorgeschriebene jährliche Wartung trägt der Mieter, Reparaturen belasten hingegen das Konto der WEG. Besonders teuer ist die Erneuerung der Aufzugskabine, die zum Glück nur alle 30 bis 50 Jahre vonnöten ist, dann aber mit einem hohen fünfstelligen Betrag zu Buche schlägt. Wir halten fest: Höher gelegene Wohnungen mit Aufzug kosten dich in der Bewirtschaftung immer mehr als solche ohne Aufzug, dafür lassen sich Erstere besser vermieten.

Garagen

Für einen Garagenstellplatz kannst du, je nach Lage, zwischen 50 und 400 Euro pro Monat* verlangen. Rechnet sich das für dich? Meiner Erfahrung nach eher nicht, da die Kaufpreise für Garagenstellplätze zu hoch sind. Außerdem fordert ihre Anfälligkeit für Wasser, Frost und Schmutz eine intensive Bewirtschaftung, besonders schlechte Erfahrungen habe ich mit meinen Doppelparkern gemacht. Ja, sie wirken dem Platzmangel in Großstädten entgegen, genauer gesagt halbieren sie ihn sogar. Dennoch rate ich dir davon ab, einen Doppelparker zu erwerben, denn dieser verschlechtert deine Objektrendite. Die

* 50 Euro pro Monat zahlen die Leute für einen Garagenstellplatz eigentlich überall, in München durchaus auch 300 bis 400 Euro.

Technik dieses Stellplatzsystems ist wartungsintensiv, meine beiden Doppelparker haben mich definitiv mehr gekostet, als sie mir einbringen konnten.

So, genug gejammert. Bisher lag unser Fokus auf dem Gemeinschaftseigentum, vom dem dir nur ein Bruchteil gehört. Nun wenden wir unseren Blick davon ab und richten ihn auf den Bereich, den du ganz dein Eigen nennen darfst und worin dein Mieter deutlich mehr Zeit verbringt: das Sondereigentum, auch bekannt als deine Eigentumswohnung.

Elektrik

Dreiadrige Kabel sind gut, zweiadrige Murks. Denn bei einer zweiadrigen Elektrik vermisst die Wohnung einen Fehlerstrom-Schutzschalter (FI), was bedeutet, dass dein Mieter ordentlich eine gefenstert bekommt, sollte er in Berührung mit dem stromführenden Leiter kommen. Bei einer dreiadrigen Elektrik ist der Move zwar ebenfalls nicht zu empfehlen, aber zumindest löst der FI aus, sobald er einen Fehlerstrom größer als 30 Milliampere misst, wodurch er das Risiko lebensgefährlicher Stromunfälle senkt. »Dreiadrig«, das bedeutet: Durch das große Kabel verlaufen drei kleinere Kabel (Adern), deren moderne Farbcodierung die folgende ist: Braun = Phase, Blau = Nullleiter, Grün-gelb = Schutzleiter. Den Schutzleiter bezeichnet man umgangssprachlich als »Erde« und ebendiese fehlt bei zweiadrigen Kabeln gemeinsam mit dem FI. Übrigens wurde früher eine andere Farbcodierung eingesetzt. Eine alte dreiadrige Elektrik erkennst du anhand dieser Farben: Blau = Phase, Grau = Nullleiter, Rot = Schutzleiter. Nur weil die Elektrik alt ist, muss sie nicht gleich einer neuen weichen, aber ein Elektriker sollte sie wenigstens »durchmessen« und das Bad mit einem separaten FI nachrüsten.

Neben der Sicherheit willst du für eine ausreichende elektrische Versorgung in den einzelnen Räumen sorgen. Ein Schwachpunkt ist oft die Küche. Hier installiert dein Mieter viele Geräte (Wasserkocher, Toaster, Kaffeemaschine, Küchenmaschinen und so weiter), was eine alte Elektrik schnell in die Knie zwingt. Unterversorgte Küchen lösen eventuell die Sicherung aus, wenn die Bewohner gleichzeitig saugen und Teewasser aufsetzen. Ein wahrhaftiges »first world problem«, aber wir leben nun einmal in dieser Welt. In jedem Fall benötigen Wasch- und Spülmaschine jeweils eine eigene Sicherung, das ist bei Neuinstallation die geltende Vorschrift.

Für die anderen Räume gilt: Befinden sich genügend Steckdosen dort, wo sie die Bewohner benötigen? Usus ist eine Steckdose direkt neben der Tür unter dem Lichtschalter. Im Wohnzimmer liegt das Augenmerk auf dem Fernseher und der Musikanlage; hier sollten sich mindestens drei Steckdosen und eine Kabelanschlussdose befinden. Das Schlafzimmer ist weniger kritisch, da man hinter dem Bett und dem Kleiderschrank gut Verlängerungskabel herführen kann. Und im Bad befindet sich bestenfalls ein Stromanschluss für einen beleuchteten Spiegel/Spiegelschrank sowie eine, besser zwei Steckdosen in Waschbeckennähe, die den Rasierer, das Glätteisen oder die elektrische Zahnbürste versorgen.

Falls die Schalter und Steckdosen in ausreichender Zahl vorhanden, aber in einem furchtbaren Zustand sind, tausche sie aus. Ersatz für die ganze Wohnung kostet dich bloß ein paar Hundert Euro, eine sinnvolle Investition, weil sie einen deutlichen Mehrwert verspricht.

Fensterrahmen und Rollläden

Fenster zählen zum Gemeinschaftseigentum, ein schneller Tausch ist daher ausgeschlossen. Was aber, falls der Rahmen versifft ist? In Raucherwohnungen sind ehemals weiße Kunststoffrahmen üblicherweise von einem ungesunden Gelb überzogen. Zum Glück gibt es hierfür spezielle Reiniger, die Erstaunliches leisten. Sie verhelfen dem Rahmen zwar nicht wieder zum ursprünglichen Reinweiß, aber sie lassen ihn deutlich frischer erscheinen und befreien ihn vom Nikotingeruch. In die Jahre gekommene Holzrahmen profitieren hingegen, wenn du sie abschleifst und neu lackierst. Eine aufwendige Arbeit, die sich aber allemal lohnt, dein Mieter wird's dir danken. Bei beanspruchten Alurahmen hast du weniger Spielraum, die Aufbereitung beschränkt sich auf das Reinigen.

Nicht so einfach reinigen lassen sich vergilbte Rollladengurte, deshalb tauschst du sie besser aus. Im Baumarkt bekommst du günstigen Ersatz und wenn du schon mal dort bist, kaufst du auch gleich neue Abdeckungen; das sind die Teile, durch die der Gurt geführt wird. Diese kleinen Maßnahmen entfalten eine große Wirkung! Die Rollläden selbst zählen meistens zum Gemeinschaftseigentum (Teil der Gebäudehülle), falls sie defekt sind, wendest du dich an die Hausverwaltung. Hoffentlich befinden sich in deinem Wunschobjekt Rollläden aus Kunststoff und nicht solche aus Holz, da Holzrollläden schwergängig sind und rustikal aussehen, insbesondere wenn der Lack von ihnen abblättert. In Altbauwohnungen haben sie natürlich ihren Charme, ein entsprechender Zustand vorausgesetzt.

Bad

Obwohl sich Mieter vergleichsweise wenig darin aufhalten, ist das Bad für sie nicht selten das Zünglein an der Waage bei ihrer Entscheidung für oder gegen die Wohnung. Tageslichtbäder schlagen innenliegende, allein schon weil sie sich besser lüften lassen. Bei innenliegenden Bädern prüfe unbedingt, ob die Lüftung gut funktioniert. Am besten läuft sie elektrisch. Darüber hinaus wertest du ein innenliegendes Bad erheblich auf, indem du eine Lampe installierst, die Tageslicht imitiert. Kostet nicht die Welt. Welche Ausstattung wünschen sich deine Mieter darüber hinaus? Obwohl heutzutage die Mehrheit duscht statt zu baden, gilt: Haben ist besser als brauchen. Der eine oder die andere lässt sich an kalten Wintertagen vorzugsweise ein heißes Bad ein, weshalb ein Badezimmer punktet, das sowohl mit Dusche als auch mit Badewanne aufwartet. Moderne Waschtische sind eckig, im Idealfall hängt darunter ein Unterschrank, in dem sich der Fön und Hygieneartikel verstauen lassen. Die Toilette sitzt im Idealfall an der Wand, sodass sich weniger Schmutzecken bilden. Ein schmaler Handtuchheizkörper spart Platz, wirkt modern und rundet das Angebot ab.

Das wäre der ideale Zustand, nur sieht das Badezimmer leider selten so aus, wenn du die Wohnung kaufst. Überlege dir dreimal, ob du das komplette Bad renovierst, denn neue Bäder gehen mächtig ins Geld: Für unter 10 000 Euro dürfte die Renovierung kaum ein lokaler Sanitärbetrieb durchführen, die Regel sind wohl eher 20 000 Euro. Dafür erhöhst du mit der Renovierung den Wert der Wohnung. Falls die Badobjekte einigermaßen gepflegt erscheinen, kannst du die alten Fliesen folieren oder lackieren. Das ist keine Lösung für die Ewigkeit, sie empfiehlt sich aber vor allem, wenn dich die Fliesen in gewagten Farbtönen anlachen wie Gelb, Pink, Blau, Grün oder Braun.

Die Farben kommen eventuell wieder in Mode, darauf warten willst du trotzdem nicht. Am besten präsentieren sich Fliesen in schlichten Farben wie Grau, Weiß, Schwarz oder Beige; sie sollen der breiten Masse gefallen, nicht dem einen Ausreißer, der ein grelles Grün bevorzugt. Falls du dieser Ausreißer bist, lass dir Folgendes gesagt sein: Das Bad muss nicht dir gefallen, sondern möglichst vielen Mietern. Noch ein Punkt zur Eigentumssituation: Die Steigleitungen, die das Wasser vom Hauptanschluss zu dir in die Wohnung befördern, zählen zum Gemeinschaftseigentum, die horizontalen Leitungen hingegen zum Sondereigentum.

Küche

Zusammen mit dem Badezimmer gibt die Küche oft den Ausschlag bei der Vermietung. Sehen die Bodenfliesen ansprechend aus? Ist ausreichend Platz vorhanden für eine Küchenzeile plus einen Tisch und zwei Stühle? Falls ja, stehen die Chancen bei der Vermietung gut. Sofern du als Vermieter die Einbauküche stellst, freut das Mietinteressenten in der Regel. Aber nicht immer. Manche gestalten die Küche lieber nach ihren individuellen Vorstellungen, deswegen kann es passieren, dass du eine Wohnung kaufst, in der du nach einem Mieterwechsel plötzlich ohne Einbauküche dastehst. Der Grund: Sie gehörte dem Mieter. Kläre vor dem Kauf ab, wem die Einbauküche gehört.

Böden und Türen

Du hast eine Schwäche für Echtholzparkett, doch in der Wohnung liegt Laminat? Dein persönlicher Geschmack sollte niemals ein Kaufkriterium bei einer Investment-Wohnung sein.

Laminat oder Vinyl sind meistens wirtschaftlicher, noch dazu gibt es sie mittlerweile in allen Variationen, auch in Echtholz-Optik. Die meisten Mieter werden sich damit zufriedengeben, oder hast du schon mal die Aussage vernommen: »Da konnten wir nicht einziehen. Die Wohnung hatte kein Parkett!« Welcher Standard angemessen ist, hängt allerdings auch von der Lage ab.

Wesentlich wichtiger als die Art des Bodens ist sein Zustand. Kleine Macken im Laminat lassen sich unauffällig mit Kitt retuschieren; falls der Boden böse abgenutzt ist, kommst du nicht umhin, ihn zu tauschen, denn er wird dich an der Vermietung hindern. Dein Augenmerk gilt ebenso den Sockelleisten, die den harmonischen Abschluss zur Wand gewährleisten, und den Übergangsschienen, welche die Böden zweier Räume verbinden.

Apropos Raumverbindung: Falls du heruntergekommene Innentüren und Zargen vorfindest, wäge ab, ob du sie lackierst, anstatt sie zu tauschen. In älteren Wohnungen befinden sich oft einbetonierte Stahlzargen, die sich nur unter großem Aufwand entfernen lassen, das heißt, du zerstörst dabei die halbe Wand. Zargen aus Holz lassen sich indessen leichter tauschen. Falls du dich doch für neue Türen entscheidest, achte darauf, dass die »Türblätter« einen Röhrenspankern und keine Wabenstruktur haben. Letztere sind so stabil wie Watte und bieten außerdem kaum Schallschutz.

Nahezu immer lohnt sich der Tausch der Türgriffe (Drückergarnituren), so sie denn starke Abnutzungsspuren aufweisen. Bei dieser Gelegenheit prüfst du auch gleich die Schlösser auf ihre Funktion: Schließen sie nicht mehr anständig, begib dich in den Baumarkt und besorge Ersatz.

Aufkommende Trends

Die Wohnansprüche ändern sich alle paar Jahrzehnte. Das lässt sich leicht feststellen, indem wir Häuser aus den 1960er- oder 1970er-Jahren mit heutigen vergleichen. Die Bäder waren damals winzig und vergleichsweise spärlich ausgestattet. warum der Anspruch gestiegen ist, darüber mag man spekulieren, aber es liegt wahrscheinlich am Wohlstand. Manchmal führen auch besondere Ereignisse zu Veränderungen, zum Beispiel die Corona-Pandemie. Dank unseres geschärften Bewusstseins für Hygiene steht Teppichen keine rosige Zukunft bevor. Teppiche sind Sammelbecken für Bakterien und Viren (besonders die langhaarigen), zudem lassen sie sich schlechter reinigen als glatte Böden. Ja, sie sind fußwarm, aber das ist Vinyl genauso, ganz zu schweigen von einer Fußbodenheizung, die selbst kalte Fliesen angenehm temperiert.

Corona hat noch weitere Wohnwünsche zutage gefördert, allen voran den nach Privatsphäre und Ruhe. Ging zuvor der Trend eindeutig hin zum offenen Wohnkonzept, dürfen wir uns, seit viele Menschen im Homeoffice arbeiten, durchaus die Frage stellen, ob ein oder zwei Räume mehr nicht besser sind. Während sich ein DINKS (Double Income, no Kids)-Pärchen früher in der Regel mit drei Zimmern begnügte, freut es sich heute über vier. Auf diese Weise haben beide Bewohner ihr eigenes Arbeitsreich – ihre Zuflucht der Ruhe in einer turbulenter werdenden Welt. Außerdem bieten ihnen vier Zimmer die Option, später eines davon in ein Kinderzimmer umzuwandeln. Stimmt, dann ist vorerst Schluss mit der Ruhe. Ob du eine Vier- oder gar Fünfzimmerwohnung kaufen solltest, hängt jedoch entscheidend von der Lage ab. Zwanzig Kilometer außerhalb von Frankfurt scheinen mehr Zimmer aus den genannten Gründen sinnvoll, in Frankfurt selbst rate ich dir hingegen davon ab, und zwar weil sich dort nur die wenigsten große Wohnungen leisten können.

Abgesehen von der Raumanzahl wird meiner Prognose nach der Technikanspruch steigen. In erster Linie heißt das: Mieter werden sich vermehrt ein smartes Zuhause wünschen. Die kleinste Stufe ist eine digitale Heizungs- und Lichtsteuerung. Erstere bedingt ein digitales Thermostat, letztere einen Lichtschalter, der sich aus der Ferne ansteuern lässt. Wenn deine Mieter zwei Wochen im Urlaub sind, wollen sie vielleicht ein Programm hinterlegen, das abends ein paarmal das Licht ein- und wieder ausschaltet, um Einbrecher glauben zu lassen, die Wohnung sei bewohnt. Hätte doch was. Der nächste Schritt in Richtung intelligentes Zuhause ist ein intelligentes Türschloss, das sich mit dem Smartphone öffnen lässt. Und richtig futuristisch wird es, wenn eine KI basierend auf den Wohnroutinen Heizung, Jalousien oder Türschlösser steuert. Wollen wir hoffen, dass sie kein obskures Eigenleben entwickelt wie in manchen futuristischen Filmen.

Am Ende gibt es doch einige Aspekte zu beachten, damit dein Immobilieninvestment Früchte trägt. Ich wette, jetzt erscheinen dir die empfohlenen 50 Besichtigungen sinnvoller als noch ein Kapitel zuvor. Mit jeder Besichtigung wirst du nämlich routinierter und bekommst ein Gespür dafür, worauf es ankommt, sei es technischer oder menschlicher Natur. Da wir gerade von Menschen sprechen: Auch die Mieter werden dir Wissenswertes verraten, zapfe diese wertvolle Informationsquelle unbedingt an. Wohnen die Mieter gern im Haus? Was funktioniert gut, was liegt im Argen? Wie arbeiten Hausverwaltung, Hausmeister und Reinigungsdienst? Gleiches gilt für redselige Menschen, die du im Hausflur triffst. Nutze ihre Redseligkeit, um für dich einzuordnen, ob das Objekt etwas taugt. Zu guter Letzt stellst du dem Makler die finale Frage: Gibt es einen Missstand, von dem ich wissen sollte? Der Clou: Falls dir der Makler etwas verschweigt, haftet er dafür.

Nicht haften wird er für einen zu hohen Preis (abgesehen von Wucher) oder eine ungünstige Finanzierung. Um hier bestmöglich aufgestellt zu sein, schauen wir uns als Nächstes an, wie du eine Immobilie kalkulierst.

Impulse

- Lege dich auf einen Immobilientyp fest. Zum Beispiel: Dreizimmerwohnungen in Musterstadt, zwischen 60 und 80 Quadratmetern, Kaufpreis maximal 200 000 Euro.
- Suche zehn Immobilien heraus, die zu deinem Immobilientyp passen. Vereinbare Besichtigungstermine und mache dir ein Bild von der Mikrolage, dem Grundstück, dem Objekt sowie der Wohnung selbst.
- Rufe zehn Makler (siehe vorheriges Kapitel) an und teile ihnen mit, was du suchst. Anschließend sendest du ihnen eine E-Mail und beziehst dich auf euer Telefonat.

Wie du eine Immobilie bewertest

Die Einkommensteuererklärung sollte auf einen Bierdeckel passen. Diese Meinung gab Friedrich Merz im Jahr 2003 zum Besten und sie hat bestimmt so manchen Steuerberater irritiert. Als Sympathisant der Idee schlage ich Folgendes vor: Wenn du mit deiner Steuererklärung fertig bist, nimm dir für die Immobilienkalkulation einen zweiten Bierdeckel zur Hand. Immer wieder erlebe ich, dass Investoren viel zu kompliziert an die Kalkulation herangehen. Sie berechnen ein Dutzend Kennzahlen und extrapolieren die Bewirtschaftungskosten der letzten zehn Jahre in die ferne Zukunft, nur um schließlich festzustellen, dass das Objekt unrentabel ist. Zu dieser Erkenntnis wären sie auch früher gelangt. Meines Erachtens erkennst du nach spätestens fünf Minuten eine starke Tendenz. Dafür brauchst du nichts weiter zu tun, als den *Quadratmeterpreis* und die *Bruttorendite* zu ermitteln, wobei letztere kritisch zu betrachten ist, da sie verfälscht sein kann, wie wir gleich sehen werden. Aussagekräftiger ist für mich der Preis pro Quadratmeter Wohnfläche, denn falls dieser schon utopisch hoch liegt, spar dir die Mühe, tiefer in die Kalkulation einzusteigen, und such lieber weiter.

Bruttorendite und Quadratmeterpreis

Die Bruttorendite sagt aus, wie sich der Kaufpreis einer Immobilie jährlich verzinst. Angenommen, du zahlst den kompletten Kaufpreis aus eigenen Mitteln, welche jährliche Rendite würde dir die Immobilie einbringen? Das ist die Frage, die dieser simplen Kennzahl zugrunde liegt. Sie gleicht einer Faustformel und berücksichtigt weder Zinsen noch Sanierungs- oder Instandhaltungskosten. Folgendermaßen errechnest du sie:

Bruttorendite in Prozent = jährliche Kaltmiete / Kaufpreis × 100

Eine Wohnung für 100 000 Euro, die 5000 Euro Kaltmiete pro Jahr einbringt, erwirtschaftet eine Bruttorendite von 5 Prozent. Den Kehrwert des Ergebnisses bezeichnet man als *»Faktor«*. In unserem Beispiel hat die Wohnung den Faktor 20, was bedeutet, dass es 20 Jahre dauert, bis sich der Kaufpreis durch die Kaltmiete amortisiert hat. Jetzt höre ich dich protestieren: »Aber es fallen doch zusätzliche Kosten an. Nur ein Laie würde sie unberücksichtigt lassen!« Das stimmt vom Grundsatz her, nur machen diese zusätzlichen Kosten deine Kalkulation nicht besser, sondern schlechter. Das ist der springende Punkt. Falls dich bereits die Bruttorendite ernüchtert, verzichte darauf, tiefer in die Kalkulation einzusteigen. Bevor du aussteigst, betrachtest du aber noch eine zweite Kennzahl: den Quadratmeterpreis*.

Der Quadratmeterpreis allein sagt wenig aus, erst in Kombination mit der Bruttorendite steigt die Aussagekraft. Folgender Fall: Ein Makler bietet dir eine Wohnung mit 8 Prozent Bruttorendite an. Damit hat er deine volle Aufmerksamkeit, denn solche Objekte stehen nicht alle Tage zum Erwerb. Noch bevor du die Wohnung besichtigst, vergleichst du den Quadratmeterpreis mit Objekten in der näheren Umgebung. Hierfür ziehst du die Portale *Sprengnetter, Atlas ImmobilienScout* sowie den *Capital Immobilien-Kompass* zurate.** Hm, üblich sind in dieser Lage 3000 Euro pro Quadratmeter, die Wohnung, die dir der Makler anbietet, liegt aber bei 4500 Euro. Wie kommt diese Diskrepanz zustande?

Du schöpfst Verdacht, dass die Kaltmiete entweder nicht der Realität entspricht oder ungewöhnlich hoch ist. Und während du recherchierst, erhärtet sich dein Verdacht – in der Lage sind 8 Euro Kaltmiete pro Quadratmeter ortsüblich, bei der dir angebotenen Wohnung liegt sie hingegen bei 16 Euro. Woran das liege, fragst du den Makler. Er gesteht, die Kaltmiete sei so lukrativ, weil der jetzige Eigentümer vier Monteure in der Wohnung

---

* Gemeint ist der Kaufpreis pro Quadratmeter Wohnfläche. Nutz- oder Grundstücksflächen bleiben unberücksichtigt.

** Sowohl die Deutsche Bank als auch die Postbank beurteilen jährlich im Rahmen einer Studie die Immobilienpreise. Ein Blick hierein lohnt sich ebenfalls.

einquartiert habe, die jeden Monat pünktlich zahlen würden. Das mag stimmen, trotzdem gehst du lieber nicht davon aus, dass du langfristig an Monteure vermieten kannst, sondern berechnest die Bruttorendite anhand der ortsüblichen Kaltmiete. Autsch, soeben hat sie sich von 8 auf 4 Prozent halbiert und das Angebot des Maklers hat deutlich an Attraktivität eingebüßt.

Einige Tage später kontaktiert dich eine Maklerin. Sie habe sich dein Suchprofil angesehen und vernommen, dass du primär nach Wohnungen suchst. Ob auch ein Mehrfamilienhaus mit sechs Parteien infrage komme, möchte sie von dir wissen. Du erkundigst dich nach der Bruttorendite – schlappe 3 Prozent. »Uff, was bietet mir die Frau da bitte an?« Du bist drauf und dran, dankend abzulehnen, da offenbart dir die Maklerin, das Objekt lasse sich gut »entwickeln«. Eigentlich das Codewort für »Schrott«, dennoch hat es deine Neugier geweckt. Sie übersendet dir das Exposé. Aus diesem geht eine bemerkenswert niedrige Kaltmiete hervor, genauer gesagt liegt sie im Durchschnitt bei 5 Euro pro Quadratmeter, üblich in der Lage ist jedoch das Doppelte. Woran liegt das? Bei der Besichtigung stellt sich heraus, dass der Zustand des Mehrfamilienhauses gar nicht mal so übel ist. Ja, das eine oder andere Bad würde sich in den kommenden Jahren über eine Renovierung freuen und auch die Böden haben bessere Zeiten erlebt. Technisch steht das Haus aber gut da: Die Elektrik wurde in den frühen Nuller-Jahren erneuert, die Heizung kürzlich getauscht und auch das Dach scheint dicht zu sein.

Es liegt auf der Hand, dass dieses Objekt Potenzial hat. Die aktuelle Bruttorendite von 3 Prozent täuscht, denn falls du die Mieten auf das ortsübliche Niveau anhebst, verdoppelt sie sich. Allerdings geschieht das nicht von jetzt auf gleich. Der Deal erfordert Geduld, die Entwicklung der Kaltmieten könnte sich ein paar Jahre hinziehen. Die wichtigste Frage lautet: Kannst du für einen gewissen Zeitraum mit einem negativen Cashflow leben, oder wird dich das Mehrfamilienhaus finanziell in die Knie zwingen? Vielleicht ziehen zeitnah zwei Mieter aus, dann kannst du die Miete dieser Wohnungen sofort an das Marktniveau angleichen. Solange die Mieter aber wohnen bleiben, bist du an die Kappungsgrenze gebunden und diese besagt, dass du – je nach Standort – innerhalb von drei Jahren um maximal 15 beziehungsweise 20 Prozent erhöhen darfst. Bei einem Mehrfamilienhaus ist die Fluktuation grundsätzlich höher, aber als Käufer einer Eigentumswohnung leidet dein Cashflow womöglich jahrelang, wenn die Kaltmiete wesentlich unterhalb des Marktniveaus liegt.

Doch immerhin liegt darin ein Schatz vergraben, den du früher oder später (im Idealfall mit der nächsten Mieterhöhung) heben wirst. Problematischer ist eine Immobilie, deren Bruttorendite trotz marktüblicher Kaltmiete nur 3 Prozent beträgt. Entweder ist die Lage derart gefragt, dass Immobilienkäufer diese niedrige Rendite hinnehmen, oder der Quadratmeterpreis liegt über dem Lagedurchschnitt. Im ersten Fall sind dir die Hände gebunden. Die starke Konkurrenz auf diesem beliebten Markt macht dir jeden Verhandlungsversuch zunichte. Im zweiten Fall hast du immerhin die Chance, den Makler auf den Boden der Tatsachen zurückzuholen, indem du den Kaufpreis nach unten korrigierst, und zwar so weit, dass sich das Objekt selbst trägt, das heißt der Cashflow bei 0 Euro oder höher liegt.

Nettorendite und Cashflow

Erst jetzt, da du die Immobilie anhand der Bruttorendite und des Quadratmeterpreises für grundsätzlich aussichtsreich befunden hast, steigst du feiner in die Kalkulation ein.

Zugegeben, es wird langsam eng auf dem Bierdeckel, vielleicht greifst du doch besser zu einem DIN-A4-Blatt oder erstellst eine Excel-Tabelle. Zunächst einmal berechnest du die Nettorendite; im Gegensatz zur Bruttorendite berücksichtigt diese Kennzahl nicht nur den Kaufpreis, sondern auch die Kaufnebenkosten (Maklercourtage, Grunderwerbsteuer, Notar, Grundbuchamt) sowie Sanierungen, die notwendig sind, um die Wohnung bewohnbar zu machen. Die Summe bezeichnen Investoren als »Gesamtinvestitionskosten (GIK)«.

Nettorendite in Prozent = jährliche Kaltmiete / GIK × 100

Lust auf ein Rechenbeispiel? Das dachte ich mir, denn die blanke Theorie ließe sich in Kapseln gepresst gut als Schlafmittel vermarkten. Sagen wir, du interessierst dich für eine Wohnung, die 100 000 Euro kostet und eine jährliche Kaltmiete von 6000 Euro verspricht. Die Bruttorendite entspricht demnach 6 Prozent. Doch während der Besichtigung fällt dir auf, dass du diese Kaltmiete nicht ohne Weiteres erzielen wirst. Der Laminatboden sieht ramponiert aus und das Bad präsentiert sich in einem Farbton, der heutzutage nur noch in Schlumpfhausen auf Anklang stößt. Die Badobjekte machen indessen einen passablen Eindruck, die Wandfliesen zu folieren scheint ausreichend. Zusammen mit dem Verlegen des neuen Laminatbodens belaufen sich die Kosten auf 5000 Euro. Kaufpreis plus Renovierung: 105 000 Euro. Genau weißt du vorab natürlich nie, welche Renovierungskosten auf dich zukommen, deshalb wirst du dich mit Schätzwerten begnügen müssen. Für eine »normale« Renovierung rechne ich mit 700 Euro, für eine Kernsanierung mit 2000 bis 2500 Euro pro Quadratmeter Wohnfläche. Diese Zahlen lassen sich nicht auf jede Wohnung übertragen, es sind meine Erfahrungswerte.

Im Übrigen bleibt es nicht bei den Renovierungskosten. Denn ein Makler hat dir die Wohnung angeboten und verlangt dafür eine Courtage von 4 Prozent des Kaufpreises. Ebenfalls vom Kaufpreis abhängig sind die Grunderwerbsteuer (5 Prozent) und die Gebühren für den Notar und das Grundbuchamt (2 Prozent). In Summe belaufen sich die Kaufnebenkosten also auf 11 000 Euro. Nun kennst du alle Zahlen, die du für die Ermittlung der Nettorendite benötigst:

Nettorendite in Prozent = 6000 / 116 000 × 100 = 5,2

Mit dieser Rendite verzinst sich deine Investition, vorausgesetzt, du hebelst sie nicht mit Fremdkapital. In diesem Fall dauert es 19,2 Jahre (100 / 5,2), bis sich dein Investment amortisiert hat, das heißt, die Gesamtinvestitionskosten von der Kaltmiete »zurückgezahlt« wurden. Doch diese Betrachtung ist unrealistisch. Denn erstens bringst du nur in den seltensten Fällen den Kaufpreis vollständig aus eigenen Mitteln auf und zweitens willst du das auch gar nicht, da sich die Rendite einer Immobilie dank Fremdkapital maßgeblich verbessert. Entscheidender ist am Ende die Eigenkapitalrendite. Bevor wir uns anschauen, wie du sie ermittelst, finden wir noch heraus, wie sich die Immobilie langfristig auf deinen Kontostand auswirkt. Dafür fällt unser Blick auf eine Kennzahl, die ich bereits mehrfach erwähnt habe: den Cashflow.

Cashflow = Kaltmiete – nicht umlagefähige Betriebskosten – Zuführung zur Instandhaltungsrücklage – Kapitaldienst

Als Eigentümer einer Wohnung entnimmst du die nicht umlagefähigen Betriebskosten der Jahresabrechnung. In aller Regel gliedert die Hausverwaltung die Betriebskosten übersichtlich in »umlagefähig« und »nicht umlagefähig« auf, sodass du nichts weiter zu tun hast, als sie abzulesen. »Umlagefähig« bedeutet: du darfst sie laut Gesetzgeber dem Mieter in Rechnung stellen. Hierunter fallen unter anderem Kosten für die Müllabfuhr, den Allgemeinstrom, die Wohngebäudeversicherung und die Aufzugswartung. Aus buchhalterischer Sicht sind diese Kosten ein Durchlaufposten, das heißt, sie belasten deinen Cashflow nicht, denn dein Mieter leistet eine Betriebskostenvorauszahlung, die du als Teil des Hausgeldes monatlich an die WEG abführst. Sie würden deinen Cashflow erst dann belasten, falls die Vorauszahlung nicht die realen Kosten abbilden würde und du dem geforderten Nachzahlungsbetrag hinterherrennen müsstest. Trage deshalb unbedingt Sorge dafür, dass die Vorauszahlung ziemlich genau den realen Kosten entspricht, bestenfalls liegt sie leicht darüber.

Die nicht umlagefähigen Kosten zahlst du hingegen, wie der Name schon sagt, aus eigener Tasche. Hierunter fallen beispielsweise Rechtskosten, Verwaltergebühren oder Reparaturen am Dach sowie an der Heizung. Der dritte Teil des Hausgeldes ist die Zuführung zur Instandhaltungsrücklage, wozu jede WEG per Gesetz verpflichtet ist, um finanziell auf Unvorhergesehenes vorbereitet zu sein. Doch Instandhaltungen und Reparaturen fallen nicht nur am Gemeinschaftseigentum an, sondern ebenso in deiner Wohnung. Ein leckendes Heizungsventil, eine undichte Duscharmatur, ein defekter Backofen: Diese und ähnliche Reparaturkosten kommen früher oder später auf dich zu (verlass dich drauf) und sie werden deinen Cashflow mindern. Leg daher vorsorglich jeden Monat einen kleinen Betrag zur Seite, um darauf vorbereitet zu sein. Der letzte Kostenfaktor, der deinen Cashflow belastet, ist der Kapitaldienst, den du monatlich an deine finanzierende Bank abführst. Dieser setzt sich aus den Zinsen und der Tilgung zusammen. Es ist schon paradox: Einerseits erhöhst du mithilfe des monatlichen Tilgungsbetrages dein Vermögen, andererseits belastest du deinen Cashflow*. Der »richtige« Tilgungssatz will daher wohlüberlegt sein, im Einzelnen kommen wir hierauf im nächsten Kapitel zu sprechen. Zuvor widmen wir uns noch einer letzten Kennzahl.

Eigenkapitalrendite

Wer eine Immobilie mit Aktien oder Kryptowährungen vergleicht, erliegt in aller Regel dem Irrtum, die Brutto- oder Nettorendite als Vergleichswert heranzuziehen. Was daran falsch ist? In den meisten Fällen haben Immobilieneigentümer ein Bankdarlehen in Anspruch genommen und somit nur einen Bruchteil des Kaufpreises mit Eigenkapital bezahlt. Im Unterschied dazu gewähren seriöse Banken nur höchst ungern Wertpapierkredite und falls sie es doch tun, dann nur zu horrenden Zinssätzen. Die Schwankung und das Verlustrisiko von Aktien und Kryptowährungen sind einfach zu hoch, sodass du sie nahezu immer vollständig mit Eigenkapital kaufen musst beziehungsweise Fremdkapital auch möglichst von solchen Investitionen fernhalten solltest. Immobilien hingegen sind wertstabiler. Ja, ihr Marktwert sinkt zeitweise, dennoch sind massive Preiseinbrüche äußerst selten. Von allen Anlageprodukten vertrauen Banken der Immobilie am meisten, nur so lässt sich erklären, dass sie jährlich Baufinanzierungen in Milliardenhöhe vergeben. Und exakt diese Bevorzugung begünstigt die Eigenkapitalrendite einer Immobilie.

---

* Genau genommen wirken sich außerdem Abschreibungen und Steuern auf deinen Cashflow aus. Der Einfachheit halber blieben diese Faktoren vorerst unerwähnt, sie kommen im übernächsten Kapitel zur Sprache.

Die Eigenkapitalrendite gibt Auskunft darüber, wie hoch sich dein tatsächlich investiertes Geld (Eigenkapital) jährlich verzinst. Die entscheidende Frage lautet: Wie viel Zeit wird verstreichen, bis du dein Eigenkapital wieder zurück auf dem Konto hast? Mithilfe dieser Formel kommst du dahinter:

Eigenkapitalrendite = (jährliche Kaltmiete – nicht umlagefähige Betriebskosten – Zinsen) / Eigenkapital

Wir führen uns das erneut anhand eines Rechenbeispiels vor Augen. Nehmen wir an, du hast kürzlich eine Wohnung zu einem Kaufpreis von 100 000 Euro beurkundet. 10 Prozent des Kaufpreises zuzüglich der Kaufnebenkosten (11 Prozent) hast du mit Eigenkapital finanziert, die restlichen 90 000 Euro mit einem Darlehen, das dich 4 Prozent Zinsen pro Jahr kostet. Die nicht umlagefähigen Betriebskosten betragen 1000 Euro pro Jahr, ihnen gegenüber steht eine Jahreskaltmiete von 6000 Euro. Wie hoch ist die Eigenkapitalrendite?

Eigenkapitalrendite = (6000 – 1000 – 3600) / 21 000 = 6,66 Prozent

Es dauert etwa 15 Jahre (100/6,66), bis du dein Eigenkapital über die Kaltmiete zurückerhältst. Im vergangenen Jahrzehnt konnten Immobilienkäufer deutlich höhere Eigenkapitalrenditen erzielen, weil die Banken sie mit niedrigen Zinsen verwöhnten und die Immobilie nicht selten vollfinanzierten, das heißt ein Darlehen für den Kaufpreis samt Kaufnebenkosten vergaben. Diese rosigen Zeiten sind definitiv vorbei, jedoch empfiehlt sich für ein ruhiges Portfolio ohnehin etwas mehr Eigenkapital. Wo die ideale Eigenkapitalquote liegt, lässt sich pauschal kaum beantworten, da sie von mindestens drei Faktoren abhängt:

1. Wie hoch ist mein Haushaltseinkommen?
2. Wie viel Cash steht mir zur Verfügung?
3. Wie viele Immobilien besitze ich schon?

Sofern du über ein solides Einkommen verfügst, genießt du bei der Bank anfangs eine hohe Bonität. Diese nutzt du nach Möglichkeit, um für deine erste Immobilie möglichst wenig Eigenkapital einzusetzen und deine Liquidität zu schonen. Denkbar wäre zum Beispiel, dass dir die Bank den Kaufpreis finanziert und du die Kaufnebenkosten mit Eigenkapital bezahlst. Beim ersten Deal haut das hin, beim zweiten und dritten eventuell auch noch, aber früher oder später zerschießt du dir mit einer hohen Fremdkapitalquote deine Bonität. Die Bank rechnet lediglich mit 80 Prozent der tatsächlichen Kaltmiete, und falls du viele Immobilien vollfinanzierst, leidet darunter deine *Kapitaldienstfähigkeit*. Anhand dieser Kennzahl schätzt die Bank ab, inwieweit du imstande bist, den Kapitaldienst zu begleichen. Bei deinen ersten Deals zieht die Bank sogar ins Kalkül, ob du den Kapitaldienst vollständig mit deinem Einkommen decken kannst, was man ihr nicht verübeln kann, da dich ein Leerstand gerade zu Anfang hart trifft. Genau genommen schützt die Bank mit dieser defensiven Haltung nicht nur sich selbst, sondern auch dich.

Langfristig bist du auf der sichereren Seite, wenn du pro Immobilie zwischen 10 und 20 Prozent Eigenkapital (zuzüglich Kaufnebenkosten) einsetzt; daraus folgt ein ruhiges Portfolio mit vergleichsweise geringem Risiko. Alternativ kannst du mit der Bank vereinbaren, dass du das Eigenkapital nicht wirklich zahlst, sondern auf ein separates Konto hinterlegst, wo die Bank es »bindet«. Dieses Geld entbindest du, indem du bestimmte Meilensteine erreichst. Zum Beispiel: 10 Prozent des Darlehens tilgen. Für die nächste Finanzierung gehst du dann zu einer zweiten Bank. In der Selbstauskunft weist du dieses gebundene Eigenkapital aus. Es wird deine Vermögenssituation besser aussehen lassen, weil die Bank es zu deinen liquiden Mitteln zählt und es ja faktisch noch auf deinem Konto liegt. Merke: Cash ist immer wertvoller als Immobilienbesitz! Unabhängig davon, ob du es zahlst oder bloß bindest, erkundige dich unbedingt vorab, was die Bank unter der Aussage »10 Prozent Eigenkapital« versteht. Denn meistens bezieht sich diese Zahl auf den Kaufpreis (und nicht auf die Gesamtinvestitionskosten), was bedeutet, dass du unter Umständen deutlich mehr Eigenkapital einsetzen musst, als du ursprünglich vorgesehen hattest.

Das waren sie, die aus meiner Sicht wesentlichen Kennzahlen im Immogame. Das Betongold ist ein bei Banken gern gesehenes Investment, jedoch wirken sich Zinsen sowohl auf deine Liquidität als auch auf die Rendite des Objekts aus – eine passende Finanzierung zu finden, ist daher ungemein wichtig.

Impulse

- Halte die Kalkulation anfangs möglichst einfach und beschränke dich auf den Quadratmeterpreis und die Bruttorendite.
- Ermittle für zehn Immobilien den Quadratmeterpreis und die Bruttorendite. Hast du eine Anomalie festgestellt, wie beispielsweise eine marktunübliche Kaltmiete?
- Berechne für die aussichtsreichen Objekte nun den Cashflow und die EK-Rendite. Gehe dabei von einem marktüblichen Zinssatz und 10 Prozent Eigenkapital aus. Wie verändert sich die EK-Rendite bei einem Einsatz von 20 Prozent Eigenkapital?

Welche Finanzierung zu dir passt

Die erste Anlaufstelle für eine Immobilienfinanzierung ist üblicherweise deine Hausbank. Dort verbreitest du die frohe Kunde, dass du neuerdings in Immobilien investierst, vermutlich hast du bereits einen festen Ansprechpartner. Parallel dazu schaltest du einen Finanzierungsvermittler deines Vertrauens ein. Letzteres ist wörtlich zu nehmen, da sich in diesem Geschäft etliche schwarze Schafe tummeln; lass dir am besten von Freunden oder Bekannten jemanden empfehlen, der seine Glaubwürdigkeit schon unter Beweis gestellt hat. Ein guter Finanzierungsvermittler hat einen entscheidenden Vorteil gegenüber der Hausbank: Er greift auf eine Vielzahl von Banken zu, was ihm ermöglicht, dich mit jener zu vernetzen, die am besten zu deinen Bedürfnissen passt. Denn die Kreditbedingungen sind so verschieden wie die Banken selbst. Manche sträuben sich gegen kleine Apartments mit einer Wohnfläche von weniger als 40 Quadratmetern, andere vergeben Darlehen erst ab 50 000 Euro, wieder andere verlangen standardmäßig 25 Prozent Eigenkapital. Du profitierst von dem Blick in die Breite, den dir ein Finanzierungsvermittler bietet.

Ungeachtet dessen ist es sinnvoll, zu zwei oder drei Banken eine besonders innige Beziehung aufzubauen. Denn ein Zinsvorteil von 0,2 Prozentpunkten bringt dir herzlich wenig, wenn du bei einem dringenden Anliegen* vertröstet wirst, weil es an persönlicher Bindung fehlt. Gewichte daher die Beziehung stets schwerer als die Nachkommastelle. Ich lade meinen Banker zum Beispiel zur internen Weihnachtsfeier ein, außerdem sende ich ihm witzige Katzenvideos per WhatsApp. Das

* Vielleicht benötigst du nachträglich Geld für eine Badsanierung, weil sich die Wohnung im derzeitigen Zustand wider Erwarten nicht vermieten lässt.

kommt dir unseriös vor? Mag sein, aber ich behandle meinen Banker wie einen Freund, und dem würde ich das bekloppte Video schließlich auch schicken. Diese Art der Kommunikation muss natürlich zu dir passen, wenn du dich dabei unwohl fühlst, würde ich an deiner Stelle einen anderen Ansatz verfolgen. In jedem Fall benötigst du zu Bankern verschiedener Banken eine enge Beziehung. Warum? Weil hin und wieder deine Ansprechpartner wechseln. Klar, deine Daten sind im System hinterlegt, sodass der Nachfolger sich schnell ein Bild von dir und deinen Objekten machen kann, allerdings ist eine persönliche Bindung für den Vertrauensaufbau unerlässlich. Und diese aufzubauen, dauert, allein schon deshalb benötigst du für die Übergangsphase einen Plan B. Höchst hinderlich beim Vertrauensaufbau sind übrigens Konsumschulden oder gar Schufa-Einträge, die du in deiner Selbstauskunft stets wahrheitsgemäß angibst, andernfalls machst du dich strafbar. Kleiner Tipp am Rande: Ob und welche Einträge du hast, kannst du über *www.schufa.de* herausfinden und für manche davon eine Löschung erwirken.

Muss ich meine Immobilie denn zwingend mithilfe einer Bank finanzieren? Nein, selbstverständlich nicht. Falls du den Kaufpreis mit Eigenkapital decken kannst (und willst), besitzt du die Freiheit, auf ein Bankdarlehen zu verzichten. Vielleicht zählst du wohlhabende Menschen zu deinem Umfeld, die dir das Geld borgen, fraglich ist jedoch, ob sie für ihre Hilfsbereitschaft denselben Zinssatz verlangen wie ein offizielles Kreditinstitut. Lass uns an dieser Stelle davon ausgehen, dass du den klassischen Weg gehst. Exotische Finanzierungsarten blenden wir vorerst aus, ich werde aber im letzten Teil des Buches noch darauf zu sprechen kommen.

Welche Unterlagen fordert die Bank?

Bevor dir die Bank ein Darlehen bewilligt, wird sie sich ein umfassendes Bild von der Immobilie machen. Sie möchte sicherstellen, dass klare Eigentumsverhältnisse herrschen, die angegebene Wohnfläche stimmt und wo versteckte Gefahren lauern – zum Beispiel ein Wegerecht des Nachbarn, ersichtlich in Abteilung II des Grundbuches. Daher prüft die Bank deine Immobilie auf Herz und Nieren und du hilfst ihr dabei, indem du vorbildlich sämtliche Unterlagen zusammenträgst. Falls ein Makler involviert ist, nimmt er dir einen Großteil dieser Arbeit ab, denn er hat die wesentlichen Unterlagen bereits für das Exposé benötigt. Doch ist das kein Garant für Vollständigkeit, deshalb verlässt du dich nicht darauf, sondern prüfst die Unterlagen selbst. Aufwendiger wird es, wenn du die Immobilie direkt vom Eigentümer kaufst, weil dieser für gewöhnlich nicht mit der gleichen Sorgfalt an die Sache herangeht wie du oder ein Makler. Wenn dir der Eigentümer einen rustikalen Ordner präsentiert, der nichts als ein paar vergilbte Seiten enthält, würde ich die Vollständigkeit ernsthaft infrage stellen. Um dir eigenhändig fehlende Unterlagen zu beschaffen, lässt du dir in diesem Fall eine Vollmacht erteilen, so kannst du beispielsweise einen Grundbuchauszug bei der Behörde oder Versicherungsnachweise anfordern. Normalerweise benötigt die Bank folgende Dokumente:

- den Grundbuchauszug (möglichst aktuell),
- einen Lageplan,
- die Teilungserklärung (aus ihr geht der Eigentumsanteil einer Eigentumswohnung am Gesamtobjekt hervor),
- eine Abgeschlossenheitsbescheinigung (bei Eigentumswohnungen),

- Versicherungsnachweise (vorgeschrieben ist nur eine Feuerversicherung, jedoch sind eine Wohngebäude- sowie eine Eigentümerhaftpflichtversicherung äußerst empfehlenswert),
- einen gültigen Energieausweis,
- die Wohnflächenberechnung (unbedingt selbst nachrechnen und stichprobenartig nachmessen, weil hier oft geschummelt wird),
- die Immobilienkalkulation (hieraus gehen die Rendite und der Cashflow hervor).

Zusätzlich zu den Informationen über die Immobilie wird die Bank deine finanzielle Situation prüfen, denn schließlich bist du der größte Risikofaktor. Nichts für ungut, aber nennen wir das Kind beim Namen. Es muss geklärt sein, ob du den Kapitaldienst im Zweifel mit deinem Einkommen bestreiten kannst. Folgende Unterlagen benötigt die Bank:

- die Haushaltsrechnung, also eine Übersicht deiner monatlichen Einnahmen und Ausgaben (je detaillierter, desto besser),
- den Gehaltsnachweis,
- eine persönliche Bilanz (eine übersichtliche Darstellung deiner Vermögenswerte und Verbindlichkeiten),
- eine Übersicht deiner Immobilien, inklusive Restdarlehensstand und Kalkulation (am besten für jede Immobilie eine eigene Aufstellung).

Der Vorteil dieser persönlichen Unterlagen: Du verschaffst dir gleichzeitig selbst einen Überblick über deine Finanzen, insbesondere hinsichtlich deiner monatlichen Ausgaben. Falls die Ausgaben nur jährlich anfallen, zum Beispiel für Urlaube, teilst du diese Ausgabe durch zwölf und berücksichtigst sie somit auf monatlicher Ebene. Vergiss keine Ausgaben, denn andernfalls wird die Bank sie mittels einer Pauschale schätzen. Deutlich professioneller wirkst du, wenn du dich realistisch und selbstkritisch einschätzt, das wird die Bank ungemein begrüßen.

Darlehensarten und ihre Vor- und Nachteile

Sobald du alle Unterlagen zusammenhast und die Bank sich bereit erklärt, dich bei deinem Immobilienprojekt zu begleiten, ist es an der Zeit, eine passende Darlehensart zu wählen. Für die Finanzierung einer Immobilie stehen dir das *Annuitätendarlehen*, das *Tilgungsdarlehen* und das *endfällige Darlehen* zur Verfügung, wobei Ersteres eindeutig am beliebtesten ist. Unter einer Annuität versteht man den jährlichen Betrag, den du über die Kreditlaufzeit an die Bank (normalerweise in monatlichen Raten) zurückzahlst. Dieser Betrag setzt sich aus einem Zins- und einem Tilgungsanteil zusammen. Die Summe bleibt über die gesamte Laufzeit konstant, nur die Anteile verschieben sich zugunsten der Tilgung. Monat für Monat schwindet das Darlehen und da der Zins nur auf die Restschuld anfällt, sinkt der Zinsanteil, während der Tilgungsanteil steigt. Deshalb spricht die Bank von einer *»anfänglichen Tilgung«*, weil beispielsweise 2 Prozent bereits im zweiten Monat zu 2,x Prozent werden. Übrigens tilgt sich ein Annuitätendarlehen umso schneller, je höher (nicht je niedriger) der Zins ist. Das mag sich nach einem Widerspruch anhören, aber wenn du die

Beispielrechnung verinnerlicht hast, die weiter unten folgt, wird es dir wie Schuppen von den Augen fallen.

Dem Annuitätendarlehen recht ähnlich ist das *Tilgungsdarlehen*. Die monatliche Rate setzt sich ebenfalls aus einem Zins- sowie einem Tilgungsanteil zusammen, der Unterschied besteht darin, dass sie kontinuierlich abnimmt. Anders als beim Annuitätendarlehen erhöht sich der Tilgungsanteil nicht, sondern er bleibt konstant, aber der Zinsanteil schrumpft Monat für Monat und mit ihm eben die gesamte Rate.

Die dritte Variante ist das *endfällige Darlehen*. Im Gegensatz zu den zuvor genannten fallen bei diesem Darlehen ausschließlich Zinsen an. Einen Tilgungsanteil gibt es nicht. Der Darlehensnehmer entrichtet eine monatliche Zinsrate an die Bank, und am Ende der Laufzeit zahlt er das Darlehen vollständig zurück.

Für welches dieser Darlehen entscheidest du dich? Tja, das ist keine einfache Frage, denn sie hängt davon ab, ob du mehr Wert auf Sicherheit oder auf Liquidität legst. Um das im Detail zu verstehen, werden wir drei Personen begleiten, von denen jede ein anderes Darlehen wählt, um ihre Wohnung zu finanzieren. Anna entscheidet sich für ein Annuitätendarlehen, Tilmann für ein Tilgungsdarlehen und Endora – ja, den Namen gibt's wirklich – begrüßt das endfällige Darlehen. Damit sich die Fälle besser miteinander vergleichen lassen, unterstellen wir eine Darlehenssumme von 250 000 Euro, einen Zinssatz von 4 Prozent* und eine Tilgung von 2 Prozent. Welche Vor- und Nachteile haben unsere drei Darlehensnehmer zu erwarten?

* Der effektive Jahreszins beträgt 4,074 Prozent per annum.

Anna und ihr Annuitätendarlehen

Anna hält es klassisch. Aufgrund der gleichbleibenden Rate weiß sie beim Annuitätendarlehen genau, was in den nächsten zehn Jahren auf sie zukommt; für diesen Zeitraum hat sie den Zinssatz nämlich festgeschrieben. Nach zehn Jahren hat Anna knapp 25 Prozent ihres Darlehens getilgt. Verlangt die Bank für die Refinanzierung einen höheren Zinssatz, ist das zwar ärgerlich, aber wenigstens fällt dieser »nur« auf das Restdarlehen an. Dennoch sollte Anna steigende Zinsen unbedingt einkalkulieren. Erst kürzlich habe ich eine Refinanzierung für eine kleine Wohnung abgeschlossen und weil der Zinssatz seit dem Kauf erheblich gestiegen ist, muss ich für die nächsten Jahre mit einer doppelt so hohen monatlichen Rate leben. In Zahlen bedeutet das: Mein Cashflow ist um 100 Euro pro Monat gesunken. Nicht die Welt, schön aber auch nicht. Doch zurück zu Anna. Dank des kontinuierlich steigenden Tilgungsanteils sinkt mit der Zeit das Risiko von Annas Investment, dafür bezahlt sie jedoch mit ihrer Liquidität. Es verhält sich grundlogisch: Je höher Anna die anfängliche Tilgung wählt, desto weniger Risiko steckt in ihrem Investment, aber desto mehr leiden ihre liquiden Mittel. Erst recht, wenn die monatliche Rate zu einem negativen Cashflow führt, denn jetzt trägt nicht mehr ihr Mieter die volle Darlehensrate, sondern Anna zu einem gewissen Teil mit. Die richtige anfängliche Tilgung zu wählen, ist wohl die größte Herausforderung beim Annuitätendarlehen; wenn ich Anna einen Rat geben dürfte, würde ich ihr 1,5 bis 2 Prozent empfehlen.

Neben dem vergleichsweise geringen Risiko hat der steigende Tilgungsanteil des Annuitätendarlehens noch einen weiteren Vorteil: Die Beleihung sinkt mit jedem »frei gewordenen« Prozentpunkt, was bedeutet, dass Anna ihre Wohnung nachbeleihen kann, um sich Kapital zu beschaffen (zum Beispiel für eine weitere Wohnung). In diesem Fall schreibt sich die Bank erneut ins Grundbuch. Und der steigende Tilgungsanteil lüftet auch das Geheimnis, warum die Laufzeit eines Annuitätendarlehens mit steigendem Zinssatz sinkt. Denn es ist doch so: Je höher der Zinssatz, desto größer der anfängliche Zinsanteil und desto mehr Tilgung kann mit der Zeit an seine Stelle treten, weil die Annuität ja über die gesamte Laufzeit konstant bleibt. Dieses Prinzip führt dazu, dass Anna bei höheren Zinsen schneller ihre Schulden los ist. Anna ist baff, wie stark der Tilgungsanteil über die Jahre ansteigt, doch die Tabelle, die sie in dieser Sekunde studiert, lügt nicht.

Jahr	Forderungssaldo	Annuität	Zinsen	Tilgung	Forderungssaldo (Jahresende)
1	250 000,00 €	15 000,00 €	9907,00 €	5092,00 €	244 907,00 €
2	244 907,00 €	15 000,00 €	9699,00 €	5300,00 €	239 607,00 €
3	239 607,00 €	15 000,00 €	9483,00 €	5516,00 €	234 091,00 €
4	234 091,00 €	15 000,00 €	9259,00 €	5740,00 €	228 350,00 €
5	228 350,00 €	15 000,00 €	9025,00 €	5974,00 €	222 375,00 €
...					
25	49 058,00 €	15 000,00 €	1720,00 €	13 279,00 €	35 779,00 €
26	35 779,00 €	15 000,00 €	1179,00 €	13 820,00 €	21 958,00 €
27	21 958,00 €	15 000,00 €	616,00 €	14 383,00 €	7575,00 €
28	7575,00 €	15 000,00 €	90,00 €	7575,00 €	0,00 €

Beispiel: Rückführung eines Annuitätendarlehens

Tilmann und sein Tilgungsdarlehen

Mit dem Tilgungsdarlehen entscheidet sich Tilmann für eine eher ungewöhnliche Finanzierungsvariante, die nur die wenigsten Banken anbieten. Bei einer Tilgungsrate von 2 Prozent würde die Rückzahlung beachtliche 50 Jahre dauern. Wir erinnern uns: Der Tilgungsanteil bleibt über die gesamte Laufzeit gleich, der Zinsanteil sinkt. Dadurch sinkt auch die Gesamtrate Monat für Monat und mit ihr steigt Tilmanns Liquidität. Indes bleibt fraglich, ob die Bank eine Laufzeit von 50 Jahren akzeptiert, denn in der Regel wird sie verlangen, dass Tilmann das Darlehen bis zum Renteneintritt zurückgezahlt hat. Wenn er den Darlehensvertrag mit seiner Volljährigkeit abschließt, könnte es gerade so klappen, weigert sich die Bank, muss Tilmann eine höhere Tilgung wählen. Vielleicht 3 oder 4 Prozent. Damit sinkt zwar sein Risiko, gleichzeitig leidet aber seine Liquidität, weshalb ich ihm bei gleicher Laufzeit immer zu einem Annuitätendarlehen raten würde. Bevor er eine Entscheidung fällt, studiert Tilmann noch, wie seine Annuität von Jahr zu Jahr sinkt und was das für den Forderungssaldo nach einer Laufzeit von 30 Jahren bedeutet. Bitte sehr:

Jahr	Forderungssaldo	Annuität	Zinsen	Tilgung	Forderungssaldo (Jahresende)
1	250 000,00 €	14 908,00 €	9907,00 €	5000,00 €	244 999,00 €
2	244 999,00 €	14 708,00 €	9699,00 €	5000,00 €	239 999,00 €
3	239 999,00 €	9508,00 €	9483,00 €	5000,00 €	234 999,00 €
4	234 999,00 €	9308,00 €	9259,00 €	5000,00 €	229 999,00 €
5	229 999,00 €	9108,00 €	9025,00 €	5000,00 €	224 999,00 €
...					
26	124 999,00 €	4908,00 €	1720,00 €	5000,00 €	119 999,00 €
27	119 999,00 €	4708,00 €	1179,00 €	5000,00 €	114 998,00 €
28	114 998,00 €	4508,00 €	616,00 €	5000,00 €	109 998,00 €
29	109 998,00 €	4308,00 €	90,00 €	5000,00 €	104 998,00 €
30	104 998,00 €	4108,00 €		5000,00 €	99 998,00 €

Beispiel: Rückführung eines Tilgungsdarlehens

Endora und ihr endfälliges Darlehen

Endora sehnt sich nach maximaler Liquidität und ist dafür bereit, ein höheres Risiko in Kauf zu nehmen. Ein amerikanischer Investmentbanker hat sie kürzlich mit der Aussage »Lever forever!« inspiriert, womit er ausdrücken wollte, dass clevere Investoren ihr Darlehen so lange wie möglich laufen lassen, um mit der gewonnenen Liquidität schneller zu wachsen. Das hat Endora überzeugt. Noch dazu hat sie eines verinnerlicht: Schulden sind steuerfreies Geld. Außerdem ist die Inflation ausnahmsweise auf ihrer Seite. Sie entwertet ihr Darlehen Jahr für Jahr, denn was für Bankguthaben gilt, gilt gleichermaßen für Schulden, nur mit umgekehrtem Vorzeichen. Und was stellt Endora mit ihrer gewonnenen Liquidität an?

Sie entscheidet sich dazu, den Anteil, der normalerweise der Tilgung entspräche, in einen breitgestreuten ETF-Sparplan zu investieren. »*Tilgungsersatz*« nennt die Bank das. In der Regel muss dieser Tilgungsersatz mit einem Depot bei derselben Bank verknüpft sein, die Endora das Darlehen gewährt. Bei Laufzeitende wird das im Depot angesparte Geld zur Tilgung des Darlehens verwendet. Reicht es nicht, muss Endora die Differenz beschaffen, übersteigt es die Forderung der Bank, erhält sie eine Gutschrift. Nun kann ich deine Sorgen praktisch hören: »Oh, Gott! Was, wenn sich die Märkte ungünstig entwickeln? Ein Schwarzer Schwan treibt sein Unwesen und bringt den Aktienmarkt zum Crash und die Immobilienblase zum Platzen. Im schlimmsten Fall hat Endora nach 25 Jahren nicht einen Cent ihres Darlehens getilgt und ihr gesamtes Geld auf dem Aktienmarkt verbrannt. Wie dämlich muss man sein!« Ich kann deine Sorgen nachvollziehen, doch sie basieren auf kurzfristigem Denken. Aktiencrashs ereignen sich alle paar Jahre, das steht fest, aber anschließend erholen sich die Kurse auch wieder. Ein Zeitraum von 25 bis

30 Jahren scheint mir ausreichend lang, sodass die junge Endora nicht allzu viel zu befürchten hat. Falls ihr während der Verhandlung mit der Bank doch mulmig wird, hat sie auch die Chance auf einen Mittelweg. Der könnte wie folgt aussehen: 1 Prozent Tilgung plus 1 Prozent Tilgungsersatz. Oder 0,5 Prozent Tilgung plus 1,5 Prozent Tilgungsersatz. Außerdem ist eine Vereinbarung denkbar, bei der die jährlichen Ausschüttungen der ETFs dazu genutzt werden, das Darlehen zu tilgen. Auf diese Weise tilgt Endora vielleicht 1 bis 2 Prozent pro Jahr mithilfe der Erträge. Im Allgemeinen würde ich das endfällige Darlehen keinem Anfänger empfehlen, sondern eher jemandem, der schon zehn Immobilien besitzt und jetzt bei der elften einen Versuchsballon starten lässt. Aber Endora hat es sich so ausgesucht und weiß, worauf sie sich einlässt.

Zinsbindung und Sondertilgung

Womit wir bei der entscheidenden Frage angelangt sind: Bei welchem Risiko fühlst du dich wohl? Die Wahl des Darlehens triffst du (auch) abhängig von deinem Wohlgefühl, denn eine hohe Liquidität bringt dir wenig, wenn dir der Preis, den du dafür zahlst, schlaflose Nächte bereitet. Einen Teil trägt dazu sicherlich die Zinsbindung bei. Was Immobilieninvestoren am meisten beunruhigt, ist die Ungewissheit, wie sich die Zinsen am Markt entwickeln. Werden sie nach zehn Jahren doppelt, dreimal oder gar viermal so hoch sein? Werde ich mir das Darlehen dann noch leisten können? Je mehr Bauchschmerzen dir der Gedanke daran bereitet, desto länger sollte die Zinsbindung ausfallen, die du mit der Bank vereinbarst. Das ist der Zeitraum, für den dir die Bank denselben Zinssatz wie bei Vertragsabschluss garantiert. Zehn Jahre sind ein gängiger Zeitraum, Ende 2021 – am Zinstiefpunkt – sicherten sich Immobilienkäufer ihren Zinssatz nicht selten für die komplette Laufzeit von 25 bis 30 Jahren. Der Zinsaufschlag, den sie dafür zahlten, war lächerlich im Vergleich zu den heutigen Zinssätzen (im Jahr 2024 circa 4 Prozent). Solltest du dir den Zinssatz heute ebenfalls für einen solch langen Zeitraum sichern? Ohne Glaskugel ist das kaum zu beantworten. Ja, die Zinsen könnten auf 8 Prozent oder noch höher steigen, genauso gut könnten sie aber auch fallen. Wer weiß das schon? Als langfristig denkender Investor halte ich einen Zehn-Jahres-Rhythmus für sinnvoll. Eine kürzere Zinsbindung ist gegebenenfalls besser, falls du Immobilien mit einer vermögensverwaltenden GmbH kaufst. Im Gegensatz zu einer Privatperson, die ihre Immobilie erst nach zehn Jahren steuerfrei verkaufen darf, gelingt dir das mit der vermögensverwaltenden GmbH unter Umständen bereits nach vier Jahren. Vorausgesetzt, du bildest eine sogenannte 6b-Rücklage und reinvestierst den Gewinn (mehr dazu im Kapitel »Vier Investment-Strategien, inklusive Rechtsform«).

Kann die Zinsbindung auch hinderlich sein? Durchaus. Falls du ein Objekt kaufen, renovieren und schnellstmöglich wieder verkaufen möchtest, betreibst du auf Neudeutsch »Fix & Flip«. Eine Zinsbindung steht dir bei diesem Geschäftsmodell im Weg, weil du der Bank eine *Vorfälligkeitsentschädigung* zahlen musst, solltest du vor Vertragsende kündigen – und das kann teuer werden! Jetzt kommt der Witz: In meiner Aktiengesellschaft vereinbaren wir für Fix-&-Flip-Deals dennoch eine Zinsbindung von drei bis fünf Jahren und nehmen die Vorfälligkeitsentschädigung in Kauf, um uns gegen steigende Zinsen abzusichern (Stand 2024). Denn falls sich der »Flip«, so der Jargon, mal verzögert und unterdessen der Leitzins der EZB ein neues Rekordhoch erreicht, kann einem der variable Zinssatz das Genick brechen. Bei der Vorfälligkeitsentschädigung weiß man wenigstens, was auf einen zukommt, und kann den Betrag als fixen Kostenpunkt in der Kalkulation berücksichtigen.

Bleibt noch eine letzte Frage offen: Lohnt es sich, das Recht auf *Sondertilgung* in den Darlehensvertrag aufzunehmen? Eine Sondertilgung ermöglicht dem Darlehensnehmer, jedes Jahr einen gesonderten Betrag an die Bank zurückzuführen, und zwar zusätzlich zur eigentlichen Tilgung. Usus sind 5 Prozent jährlich, doch das variiert und ist Verhandlungssache. Ich bin kein Verfechter der Sondertilgung; warum dem so ist, das ahnst du sicher schon: Sie beraubt mich meiner Liquidität. Den Betrag, den ich sondertilge, versenke ich in meiner Immobilie; er verbleibt dort so lange, bis ich sie veräußere. Andererseits nehme ich mit der Sondertilgung das Risiko aus meinem Investment, einmal mehr ist es daher eine Frage der Risikobereitschaft und des Wohlbefindens. Und mein Wohlbefinden bleibt auf einem hohen Niveau, wenn ich dauerhaft liquide bin. Inflation hin oder her – ausreichend Cash zu haben, schadet nie, insbesondere nicht in turbulenten Zeiten.

Impulse

- Überlege in Ruhe, was dir wichtiger ist: Sicherheit oder Liquidität?
- Lass dir von deinem Bekanntenkreis einen Finanzierungsvermittler empfehlen. Kontaktiere ihn und erzähle ihm von deinem Vorhaben.
- Erstelle deine Haushaltsrechnung und die Kalkulation für eine Beispielimmobilie.
- Vereinbare ein Beratungsgespräch bei zwei Banken in deiner Region. Präsentiere ihnen deine Haushaltsrechnung sowie die Beispielimmobilie und bitte sie um eine Finanzierungsbestätigung.

Wie sich Immobilien steuerlich auswirken

Neulich erzählte mir ein Handwerker, es lohne sich kaum, Immobilien in Deutschland zu kaufen. Die Mieteinkünfte würden sein Einkommen erhöhen und somit maßgeblich seine Steuerlast. »Das Finanzamt hält ordentlich die Hand auf«, lauteten seine frustrierten Worte. In der Konsequenz habe er mit Deutschland als Immobilienstandort abgeschlossen und investiere neuerdings nur noch in Polen. Ich muss gestehen, ich kenne mich nicht aus mit dem polnischen Steuerrecht und kann daher nicht beurteilen, ob sein Landeswechsel steuerliche Vorteile mit sich bringt; was jedoch das deutsche Steuerrecht betrifft, klingen die Worte des guten Mannes zu streng. Ja, vom Grundsatz her stimmt es: Mieteinkünfte erhöhen das zu versteuernde Einkommen. Dennoch gehe ich so weit, zu behaupten, dass vermietete Immobilien zu den größten verbliebenen Steuersparmodellen in Deutschland zählen. Keine andere Anlageklasse wird vom Fiskus derart begünstigt, allerdings macht es einen gewaltigen Unterschied, ob wir die Immobilie vermieten oder selbst bewohnen. Eigenheimbesitzer sind steuerlich leider deutlich schlechter dran. Im Folgenden werfen wir einen Blick auf all jene Bereiche, die steuerliche Auswirkungen zeigen, und beleuchten, wie uns das von Nutzen sein kann.

Grunderwerbsteuer

Die ersten Steuern lassen sich bereits kurz nach der Beurkundung sparen. An der Grunderwerbsteuer führt in Deutschland bis auf wenige Ausnahmen kein Weg vorbei, allerdings besteht die reelle Chance, sie ein Stück weit zu reduzieren. Wie der Begriff selbst verrät, fällt die Grunderwerbsteuer an, wenn du ein Grundstück (oder Teile davon) erwirbst, wobei sie zu erheben

Ländersache ist. Von Bundesland zu Bundesland variiert der Prozentsatz zwischen 3,5 und 6,5 Prozent des Kaufpreises. Am meisten langen Brandenburg, Nordrhein-Westfalen und das Saarland zu, am wenigsten fordert hingegen der Freistaat Bayern ein. Wie lässt sich nun Grunderwerbsteuer sparen? Dafür schätzt du den Wert des Inventars (Einbauküche, Möbel, Solaranlage, Sauna, Heizölvorrat), der mit der Immobilie in deinen Besitz übergeht, und bittest den Notar, ihn im Kaufvertrag als separaten Posten neben dem Kaufpreis auszuweisen. Insbesondere für Einbauküchen ist das eine probate Methode. Die Argumentation dahinter lautet: Das Inventar lässt sich leicht aus der Immobilie entfernen, demnach ist es streng genommen mehr *mobil* als *immobil* – warum sollte darauf Grunderwerbsteuer anfallen? Mit der Höhe des Schätzwertes solltest du es aber nicht übertreiben, denn falls du zu viel ansetzt, wird das Finanzamt unter Umständen misstrauisch. Mit einer allgemeingültigen Zahl kann ich nicht dienen, jedoch scheint mir alles oberhalb von 5 Prozent des Kaufpreises gefährlich; wir setzen nie mehr als 2,5 Prozent an. Überlege daher zweimal, ob 15 000 Euro für eine ramponierte, 30 Jahre alte Einbauküche angemessen sind.

Früher ließ sich außerdem der Teil der WEG-Instandhaltungsrücklage, der beim Kauf auf dich übergeht, von der Grunderwerbsteuer befreien. Doch leider besteht diese Möglichkeit nicht mehr.

Zinsen und Tilgung

Nach dem Immobilienkauf geht das Steuersparen weiter. Der Gesetzgeber erlaubt dir, die Fremdkapitalzinsen vollständig von der Steuer abzusetzen, womit du einen enormen Vorteil gegenüber einem Eigenheimbesitzer genießt. Dieser muss die Zinsen aus seinem versteuerten Einkommen bestreiten, allenfalls darf er sie anteilig geltend machen, wenn er eine Einliegerwohnung vermietet, doch das wird in den meisten Fällen nur einen Bruchteil der gesamten Zinsbelastung ausmachen.

Einen häufigen Irrtum ruft die Tilgung hervor. Immer wieder gehen Investoren davon aus, sie würde die Steuerlast mindern, was aber nicht stimmt, da du mit allem, was du tilgst, Vermögen anhäufst. Wieso sollte sich das steuermindernd auswirken? Für ein Annuitätendarlehen bedeutet das: Anfangs ist deine Steuerersparnis am größten, weil die Zinsen am höchsten sind, mit den Jahren aber wächst der Tilgungsanteil, wodurch die Steuerersparnis schwindet.

Abschreibungen

Auch den steuermindernden Effekt von Abschreibungen werden Eigenheimbesitzer nicht wahrnehmen, und das, obwohl sich ihr Einfamilienhaus ebenso abnutzt wie das Mehrfamilienhaus eines Investors. Womit wir bei einem entscheidenden Punkt angelangt wären: Abschreibungen spiegeln die Abnutzung eines Gebäudes wider, nicht aber des Grundstücks selbst. Der Grund und Boden nutzt sich nicht ab, so der Gedanke des Gesetzgebers, Sonderfälle wie Erdrutsche oder Kontaminierungen sind in dieser Betrachtung ausgeklammert. Ein Gebäude hingegen ist nach etwa 50 Jahren derart abgenutzt, dass es entweder einem neuen weichen oder umfassend saniert werden muss, um seinen Bewohnern weiterhin Obdach zu gewähren. Deshalb gilt eine *lineare Absetzung für Abnutzung (AfA)* – so die fachsprachliche Bezeichnung für die Abschreibung – von jährlich 2 Prozent (1/50) oder 2,5 Prozent (1/40), abhängig davon, ob das Gebäude vor oder nach dem 01.01.1925 entstanden ist. Wohngebäude, die nach dem 31.12.2022 fertiggestellt wurden, dürfen sogar mit 3 Prozent pro Jahr abgeschrieben werden.[3]

Idealerweise teilt sich der Kaufpreis im Kaufvertrag in einen Grundstücks- und einen Gebäudeanteil auf, wobei Letzterer möglichst hoch gewählt sein sollte. Wurde der Gebäudeanteil nicht explizit ausgewiesen, schätzt ihn das Finanzamt mit der Steuererklärung, in der die Immobilie erstmals auftaucht. Was du letztlich abschreiben darfst, nennt sich »*Anschaffungskosten*«. Zu den Anschaffungskosten zählen neben dem Gebäudeanteil auch die Maklercourtage, die Grunderwerbsteuer und die Notarkosten; die Geldbeschaffungskosten* wiederum darfst du als *Werbungskosten* vollständig im ersten Steuerjahr geltend machen. Ich rate dir dringend, dich mit einem Steuerberater abzustimmen, denn da die Abschreibung lange Zeit läuft, steht entsprechend viel auf dem Spiel.

Grundsätzlich hast du die Möglichkeit, deine Immobilie deutlich schneller abzuschreiben, sofern du beweisen kannst, dass die reale Abnutzung höher und die Nutzungsdauer somit kürzer ist. Wie du dabei vorgehst? Ich gebe zu, dieses Manöver bisher bei keiner meiner Immobilien durchgeführt zu haben, doch es funktioniert, das entnehme ich den Aussagen aus meinem Netzwerk. Um die kürzere Nutzungsdauer nachzuweisen, benötigst du in jedem Fall ein Gutachten. Hierfür gibt es diverse Anlaufstellen im Internet. In einem Artikel auf *Haufe Online* heißt es, 90 Prozent der Vermieter in Deutschland würden mehr Steuern zahlen, als sie müssten. Jede Bestandsimmobilie, die vor mehr als 30 Jahren errichtet wurde, sei prädestiniert für eine Überprüfung der tatsächlichen Nutzungsdauer. Dabei berufe man sich auf ein Urteil des Finanzgerichts Köln vom 22.03.2022, »in dem klargestellt wird, dass eine modellhaft ermittelte wirtschaftliche

---

* Geldbeschaffungskosten sind sämtliche Kosten, die bei der Beschaffung des Fremdkapitals anfallen. Den größten Teil macht in der Regel die *Grundschuldbestellung* aus, da sie genau wie der Kaufvertrag notariell beurkundet wird.

Restnutzungsdauer von vermieteten Immobilien als Grundlage des steuerlichen AfA-Satzes gelten kann«.[4] Um die 1000 Euro wird dich das Gutachten vermutlich kosten, falls du dadurch aber die Restnutzungsdauer auf sagen wir 20 Jahre reduzierst, hat sich die Investition bereits nach wenigen Jahren amortisiert.

Eine weitere Möglichkeit, von höheren Abschreibungen zu profitieren, sind Denkmalschutzimmobilien. Der Schlüssel liegt hier nicht in der Immobilie selbst (sie wird wie gewohnt mit 2 beziehungsweise 2,5 Prozent abgeschrieben), sondern in der Abschreibung der Sanierungskosten. Der Gesetzgeber erlaubt Investoren, die ihre Denkmalschutzimmobilie vermieten, 100 Prozent der Sanierungskosten abzuschreiben, und zwar »acht Jahre lang je neun Prozent und weitere vier Jahre lang je sieben Prozent«.[5] Einen Haken hat die Sache jedoch: Die Sanierung läuft in enger Abstimmung mit der Denkmalbehörde ab. Sie überwacht deine Schritte und stellt mitunter Ansprüche, die höhere Kosten verursachen, als sie bei einer nicht-denkmalgeschützten Immobilie üblich wären. Bevor du eine Denkmalschutzimmobilie erwirbst, prüfe unbedingt, welche Gebäudeteile denkmalgeschützt sind und was es bei deren Sanierung zu beachten gilt. Ein Anruf bei der Denkmalbehörde lohnt.

Es steht außer Frage, dass Abschreibungen einen großen Effekt auf die Immobilienkalkulation haben. Nicht selten neutralisieren sie die zu versteuernden Mieteinkünfte nahezu gänzlich, wie in folgendem Beispiel.

1. Jahr	
Kaufpreis	
Kaufpreis	100 000,00 €
Grunderwerbsteuer (5,00 %)	5000,00 €
Notar (1,80 %)	1800,00 €

Makler (3,57 %)	3570,00 €
Gesamt	**110 370,00 €**
Finanzierung	
Eigenkapital (6,80 %)	6800,00 €
Darlehen	103 570,00 €
Zinsen je Monat (3,50 %)	302,08 €
Tilgung je Monat (1,50 %)	129,46 €
Annuität je Monat	431,54 €
Steuern	
Mieteinnahmen jährlich	6000,00 €
Zinsausgaben jährlich	3624,95 €
Nebenkosten jährlich	600,00 €
Unter- / Überdeckung	1775,05 €
Abschreibung	1700,00 €
(Gebäudewert: 85 000,00 € * 2,00 %)	
Steuerlast (42,00 %)	31,52 €

Auswirkung der Abschreibungen auf die Steuerlast.
Quelle: www.currily.com

Vor Abschreibungen weist die Immobilie eine Überdeckung von 1775,05 Euro auf. Normalerweise müsste ein Privatinvestor diesen Betrag mit seinem persönlichen Einkommensteuersatz (hier sind die Annahme 42 Prozent) versteuern. Nach Abschreibungen in Höhe von 1700 Euro bleiben bloß 75,05 Euro übrig, die im ersten Jahr zu einer Steuerlast von 31,52 Euro führen. Damit lässt sich leben, würde ich sagen. Auf unserer Homepage www.currily.com findest du einen Kapitalanlage-Rechner, in dem du verschiedene Parameter variieren kannst, um ihre Auswirkung abzuschätzen.

Werbungskosten versus Herstellungskosten – die 15-Prozent-Grenze

Während wir uns bislang auf vergleichsweise geringe Steuerersparnisse konzentriert haben, fällt unser Blick nun auf den fettesten Batzen: die Werbungskosten. Diese haben wenig mit Werbemaßnahmen gemein, vielmehr fallen aus Steuersicht hierunter die Ausgaben für Instandhaltungen, Reparaturen und Modernisierungen, die du an deiner Immobilie vornimmst. Der Gesetzgeber nimmt an, dass du als Käufer einer älteren Immobilie gern zeitnah Mängel und Schäden beseitigen würdest. Solange die dafür vorgesehenen Ausgaben in den ersten drei Jahren 15 Prozent der Anschaffungskosten (ohne Umsatzsteuer) nicht übersteigen, darfst du sie daher in voller Höhe im entsprechenden Steuerjahr absetzen. Besondere Freude macht das in Jahren, in denen du in deinem Primärjob viel Geld verdient hast, denn die Werbungskosten könnten zu einer netten Steuerrückzahlung führen. Was du allerdings unbedingt vermeiden willst: dass deine Ausgaben als *anschaffungsnahe Herstellungskosten* gelten. Das ist dann der Fall, wenn du die 15-Prozent-Grenze innerhalb der ersten drei Jahre übersteigst. Der Begriff »Herstellung« impliziert eine umfassende Sanierung, weshalb du die Kosten dafür lediglich abschreiben darfst, und zwar rückwirkend. Soll heißen: Falls du in den ersten beiden Jahren nach Kauf eine schöne Steuerersparnis erfahren hast, musst du einen Teil davon im dritten Steuerjahr wieder zurückzahlen, wenn die 15-Prozent-Grenze überschritten wurde. In Zeiten knapper Liquidität kann das böse wehtun.

Ohne Zahlen ist das schwer zu begreifen, lass uns daher in ein Beispiel eintauchen. Nehmen wir an, du kaufst eine Wohnung zu einem Kaufpreis von 200 000 Euro. Grunderwerbsteuer, Notarkosten und Maklercourtage belaufen sich insgesamt auf 12 Prozent des Kaufpreises, das heißt, die Anschaffungskosten der Wohnung betragen 224 000 Euro. So weit, so verständlich. Nun benötigen wir den Gebäudeanteil; wir unterstellen, er beträgt 80 Prozent. 224 000 Euro multipliziert mit 0,8 ergibt 179 200 Euro, das ist unsere rechnerische Basis. 15 Prozent von 179 200 Euro sind 26 880 Euro – das ist die magische Grenze, die du mit deinen Ausgaben in den ersten drei Jahren nicht überschreiten solltest, wenn du die Ausgaben im jeweiligen Steuerjahr vollständig geltend machen und nicht abschreiben möchtest. Einzige Ausnahme: Bleiben die Kosten einer Modernisierung unter 4000 Euro pro Jahr, darfst du sie immer sofort absetzen.

Nachdem du die ersten drei Jahre nach Immobilienkauf überstanden hast, braucht dich die 15-Prozent-Grenze nicht mehr zu scheren. Anschließend darfst du alle Modernisierungskosten im selben Jahr und unabhängig von ihrer Höhe absetzen. Du wartest auf ein Aber, oder? Dein Gefühl trügt dich nicht, denn es gibt eines: Du darfst die Kosten nur sofort absetzen, solange du nicht den Standard hebst. Hierfür hat das Finanzamt vier sogenannte »Ausstattungs-Kernbereiche« definiert: Sanitär, Elektroinstallation, Fußboden, Heizung. Erweiterst oder ergänzt du drei dieser Bereiche in ihrer Funktion deutlich, geht das Finanzamt von einer »Hebung des Standards« aus, was wiederum zur Folge hat, dass es sämtliche damit verbundenen Ausgaben als »Herstellungskosten« betrachtet. Und was das zu bedeuten hat, wissen wir ja: Du musst sie abschreiben.[6]

Steuerfreier Verkauf nach Spekulationsfrist (zehn Jahre)

Das waren die Möglichkeiten, wie du beim Kauf und im laufenden Betrieb Steuern sparen kannst, so richtig lukrativ wird es aber erst mit dem Verkauf. Wenn du eine Immobilie nach zehn Jahren Haltedauer verkaufst, darfst du den Gewinn steuerfrei in deine Tasche wirtschaften, und zwar vollkommen unabhängig von seiner Höhe. Wo gibt es so etwas noch? Für Aktien gilt dies keineswegs, genauso wenig für Anleihen, Unternehmensbeteiligungen oder Kryptos. Es ist eine einzigartige Möglichkeit, dein Vermögen zu vermehren, gesetzt den Fall, du wartest geduldig das Jahrzehnt ab und investierst den Gewinn in ein Folgeprojekt, anstatt ihn zu verjubeln. Maßgeblich dafür, ob du Spekulationssteuer zahlen musst, ist der Zeitraum zwischen den beiden Beurkundungsterminen, das heißt, gerechnet wird von Kaufvertrag zu Verkaufsvertrag. Der Grundbucheintrag sowie der Besitzübergang sind unerheblich, falsche Berechnungen führen immer wieder zu bösen Steuerüberraschungen. Das Fiese ist nämlich: Der zu versteuernde Gewinn errechnet sich aus der Differenz zwischen Verkaufspreis und Buchwert und der Buchwert ergibt sich aus dem damaligen Kaufpreis abzüglich aller Abschreibungen. Mit der Zeit summieren sich die Abschreibungen ordentlich, besonders schmerzhaft ist daher ein Verkauf kurz vor Ende der Spekulationsfrist, etwa nach neun Jahren Haltedauer. Verkaufst du deine Immobilie hingegen nach Ablauf der (korrekt berechneten) zehnjährigen Spekulationsfrist, kannst du dich als Privatperson in Sicherheit wiegen.

Steuerlich brenzliger wird es, wenn du die Immobilie bewusst vorher verkaufst und dich das Finanzamt als gewerblichen Grundstückshändler einstuft, was in der Regel passiert, wenn du die *Drei-Objekt-Grenze* überschreitest. Der Vorwurf lautet: Du hast innerhalb von fünf Jahren mehr als drei Objekte veräußert, »bei denen ein enger zeitlicher Zusammenhang (vgl. Tz. 20) zwischen Errichtung, Erwerb oder Modernisierung und der Veräußerung besteht«.[7] Im Klartext heißt das: Das Finanzamt unterstellt dir, du seist mit deinen Gedanken bereits während des Kaufs beim Verkauf gewesen, und das gleich mehrmals. Eine solche Strategie passt nicht zu einer Privatperson, weshalb dich das Finanzamt von diesem Status entamtet und dich fortan als Unternehmer betrachtet. Und ein solcher zahlt nicht nur Einkommen-, sondern auch Gewerbesteuer, und zwar rückwirkend für alle vier Objekte. Nach Überschreiten der zehnjährigen Haltedauer kann dir das jedoch nicht mehr passieren, betroffen davon sind ausschließlich Objekte, die du vor Ablauf derselben verkaufst. Moment, auf den Gewinn, der aus dem Verkauf dieser Objekte resultiert, zahle ich doch ohnehin Spekulationssteuer? Stimmt, das bewahrt dich jedoch nicht vor der anfallenden Gewerbesteuer. Außerdem gibt es eine Möglichkeit, wie du eine Immobilie vor Ablauf der zehnjährigen Haltedauer steuerfrei verkaufen darfst.

Steuerfreier Verkauf nach Eigennutzung

Es kursiert das Gerücht, man müsse eine Immobilie drei Jahre lang selbst bewohnen, um sie steuerfrei verkaufen zu dürfen. Muss man nicht! Eine ausschließlich zu Wohnzwecken genutzte Immobilie dürfen wir jederzeit steuerfrei verkaufen. Vielleicht zieht es den Eigentümer aus beruflichen Gründen in eine andere Region, er verkauft das Objekt demnach nicht, um einen hohen Gewinn zu realisieren, sondern weil die Umstände es so wollen. Nun gibt es immer wieder Experten, die meinen, in diesem Schlupfloch ein Geschäftsmodell zu sehen, das bedeutet, sie wiederholen dieses »Umzugsmanöver« mehrmals mit Gewinnerzielungsabsicht. Kommt dieses Vorgehen dem Finanzamt suspekt vor, wirft es ihnen gewerblichen Grundstückshandel (Drei-Objekt-Grenze) oder zumindest Spekulation vor, was beides zu Steuernachzahlungen führt.

Immobilien vererben oder verschenken

Eher ein Spezialthema, daher gehe ich nur in Kürze darauf ein. Vererben oder verschenken die Eltern eine Immobilie an ihre Kinder, so fällt keine Grunderwerbsteuer an. Um die Erbschafts- beziehungsweise Schenkungssteuer zu umgehen, bleiben die Kinder unter dem Freibetrag von 400 000 Euro, der alle zehn Jahre genullt wird. Nun sind 400 000 Euro bei den heutigen Immobilienpreisen nicht mehr besonders viel. Was also tun, wenn die Immobilie mehr wert ist? Die Lösung kann der *Nießbrauch* sein. Und der funktioniert so: Das Kind erbt die Immobilie und ist Eigentümer, aber die Eltern erhalten weiterhin die Mieteinkünfte oder haben Wohnrecht und tragen dafür sämtliche Bewirtschaftungskosten. Bis zum Tod bleiben die Eltern »voll verfügungsfähig«. Laut Nießbrauchrecht besteht die Möglichkeit, einen *Nutzungswert* anzugeben. Ein Beispiel: Das Haus ist 600 000 Euro wert, die Eltern können aber nur 400 000 Euro steuerfrei übertragen. Während der nächsten zehn Jahre bleiben die Eltern in dem Haus wohnen. Sofern die Miete für ein marktübliches Vergleichsobjekt 200 000 Euro betragen würde, dürfte die Immobilie sofort auf das Kind übertragen werden, da sich in Summe 600 000 Euro ergäben. In der Theorie funktioniert das. Bevor du etwas in dieser Richtung planst, lass dich unbedingt steuerlich beraten und beachte die Tabelle des Bundesfinanzministeriums.[8]

Ehegattenschaukel

Ich hätte die Ehegattenschaukel auch im Abschnitt »Abschreibungen« erläutern können, denn hauptsächlich geht es darum. Wer oder was schaukelt hier? Die Immobilie, und zwar von Ehepartner zu Ehepartner, wobei sich dieses Prinzips alle Verwandten in gerader Linie bedienen dürfen, zum Beispiel auch die Mutter und ihr leibliches Kind. Und so läuft es ab: Nach zehn Jahren verkauft die eine Person ihre Immobilie aus Privatbesitz an die andere. Zu einem höheren Preis, versteht sich. Es fällt weder Spekulationssteuer noch Grunderwerbsteuer an, aber der Empfänger der Immobilie kann nun höhere Abschreibungen geltend machen. Besondere Schaukelfreude kommt auf, wenn die Ehegattin vom Ehegatten (oder umgekehrt) ein Verkäuferdarlehen erhält und dieses über die Miete an ihn zurückzahlt. Dafür wählt der Ehegatte den höchstmöglichen marktüblichen Zinssatz (zum Beispiel 10 Prozent), woraus sich hohe Zinseinkünfte ergeben, auf die er normalerweise 25 Prozent Abgeltungssteuer (zuzüglich Solidaritätszuschlag) zahlt. Jedoch nicht zwangsläufig. Die Eheleute gelten als »nahestehende Personen«, und falls der Ehegatte über die Ehegattin einen »beherrschenden Einfluss« ausübt – der beispielsweise gegeben ist, falls sie mangels Kreditwürdigkeit oder Bonität keine 100-Prozent-Finanzierung von einem Kreditinstitut erhalten würde –, sind die Zinseinkünfte des Ehegatten von der Abgeltungssteuer befreit, weil die Ehegattin von ihm finanziell abhängig ist.[9] Indessen darf die Ehegattin die Zinsen steuerlich voll absetzen und reduziert dadurch ihr zu versteuerndes Einkommen, noch dazu profitiert sie von hohen Abschreibungen, da der Kaufpreis ja höher ist als zuvor beim Ehegatten. So geht Steuersparen!

Damit sollte klargeworden sein, warum ich der Meinung bin, Immobilien seien eines der letzten verbliebenen Steuersparmodelle. In diesem Kapitel habe ich dir unterstellt, dass du als Privatperson investierst. Steuerlich noch attraktiver kann es werden, wenn du dich mit der vermögensverwaltenden GmbH auseinandersetzt. Wir werden darauf im Kapitel »Vier Investment-Strategien, inklusive Rechtsform« noch zu sprechen kommen.

Impulse

- Ermittle die Abschreibungen für eine Beispielimmobilie. Gehe für den Anfang von einem Gebäudeanteil von 85 Prozent aus und bedenke, dass die Basis die sogenannten »Anschaffungskosten« sind.
- Ermittle für eine Beispielimmobilie den Restdarlehensstand nach zehn Jahren. Wie viel Eigenkapital hättest du bei einem steuerfreien Verkauf, wenn
  a. der Wert der Immobilie gleich bleibt
     oder
  b. der Wert der Immobilie um 5 Prozent pro Jahr steigt?

Was es bei der Vermietung zu beachten gilt

Deine Mieter sind gewissermaßen deine Kunden. Ohne sie und die Miete, die sie monatlich zahlen, ist deine Investment-Immobilie wertlos. Umso verwunderlicher ist die Schludrigkeit, mit der viele Vermieter auf Mietersuche gehen. Sie erstellen schwache Inserate und führen schlecht vorbereitete Besichtigungen durch. Sie fordern kaum Unterlagen an, geschweige denn prüfen sie sie richtig. Sie ignorieren für die Mieter wesentliche Faktoren, wie beispielsweise die Betriebskosten. Und nach der Vermietung kommen sie ihrer Sorgfaltspflicht entweder unzureichend nach oder mutieren zu einem »Kontrolletti«, der jeden zweiten Nachmittag überprüft, ob sich Restabfall in die Biomülltonne verirrt hat. Eines sollten wir Vermieter unbedingt verinnerlichen: Mieter samt dem Verhältnis, das wir zu ihnen pflegen, können uns zum Erfolg oder zum Misserfolg führen. Lass uns Sorge tragen, dass ersteres eintritt.

Inserat

Bilder sagen mehr als tausend Worte. Eine abgedroschene Redensart, aber an ihrem Wahrheitsgehalt besteht kein Zweifel. Doch wenn wir so manches Inserat aufrufen, dürfen wir uns zu Recht die Frage stellen: Sag mal, geht's noch? Hochgeklappte Klodeckel. Versiffte Küchen. Stockdunkle Räume. Drei Fotos, zwei davon unscharf. Mietfreude kommt da bestimmt nicht auf, eher der Wunsch, wegzurennen. Okay, nicht jeder versteht sich im Fotografieren, aber wer es nicht draufhat, holt sich halt Hilfe. Dafür bedarf es keines professionellen Fotografen, was völlig genügt, ist eine Person mit einem ästhetischen Auge für Details und einem Smartphone. Fünfzehn bis 20 Fotos sollten es sein, lieber ein paar zu viel als zu wenig, lautet die Devise. Hauptsache, sie sind einladend, denn einladende Fotos ziehen eine ordentliche Klientel an. Anschließend brauchst du die Fotos bloß noch clever anzuordnen, sodass der Betrachter das Gefühl hat, digital durch die Räume geführt zu werden. Ein Bild vom Grundriss tut sein Übriges und unterstützt die Vorstellungskraft; bei der Besichtigung geraten nämlich viele Interessenten in Erstaunen, dass sie die Raumgröße »irgendwie anders eingeschätzt« haben.

Bilder allein reichen dann aber doch nicht; was du ebenfalls benötigst, ist ein flüssiger, detailreicher Text. Konzentriere dich auf das, was die Mieter interessiert, und sieh davon ab, über den sagenhaften Schnitt zu schwadronieren. Wie toll dieser ist, sollten die Bilder und der Grundriss aussagen. Erkläre lieber, welchen Standard die Mieter erwarten dürfen, zum Beispiel, welcher Bodenbelag in welchem Raum liegt, wie das Warmwasser aufbereitet wird und ob die Einbauküche in der Kaltmiete inbegriffen ist. Ein Hinweis zu kürzlich durchgeführten oder anstehenden Renovierungen macht sich ebenfalls nicht schlecht. Das war's an sich schon. Kleiner Tipp: Gib im Inserat nie deine Handynummer an, sondern bitte die Interessenten, sich schriftlich an dich zu wenden. Das hat mindestens drei Gründe. Erstens, es erleichtert dir die Vorauswahl, weil du besser den Überblick behältst. Zweitens, dein Handy klingelt nicht 24/7, was in gefragten Lagen definitiv passieren würde. Drittens, du erkennst anhand des Schreibstils ganz gut, wie die Person tickt. Gibt sie bereitwillig Informationen preis oder hält sie mit irgendetwas hinterm Berg? Am Telefon erkennst du das natürlich auch, aber es kostet dich wesentlich mehr Zeit und außerdem tust du dich vermutlich schwerer, die Person abzuwimmeln, wenn sie nicht als Mieter infrage kommt. Sei gerade bei vielen Anfragen streng, wen du zu einer Besichtigung einlädst, dein Bauchgefühl ist ein guter erster Ratgeber. Übrigens haben Interessenten bei den großen Portalen die Möglichkeit, für Vermieter relevante Daten zu hinterlegen. Wirf auch hier im Vorhinein einen Blick drauf. Stutzig machen sollte dich insbesondere, wenn das Einkommen im Verhältnis zur Kaltmiete auffällig niedrig ist. Meiner Erfahrung nach sollte die

Kaltmiete 30 Prozent des Nettoeinkommens nicht übersteigen, damit die Person noch genügend Geld übrig hat für die Freuden des Lebens.

Besichtigungstermin

Um eine tragfähige Entscheidung zu treffen, benötigst du eine angemessene Stichprobe. So die Lage es hergibt, scheinen 20 bis 25 Interessenten vernünftig. Diese lädst du blockweise ein, das heißt, du siehst davon ab, jeder Person einen exklusiven Termin anzubieten. Das erscheint dir im ersten Moment vielleicht unhöflich, aber spätestens wenn du vergeblich auf das Erscheinen einer Person wartest, verstehst du, was ich meine. Und es wird passieren. Erfahrungsgemäß liegt die »No-show-Rate« bei 10 bis 20 Prozent, hinzu kommen einige Leute, denen Pünktlichkeit ein Fremdwort ist, wofür ich als Schwabe kein Verständnis aufbringen kann. Unpünktliche Menschen lehne ich kategorisch ab. Aus diesen Gründen lade ich immer zwei Interessenten gleichzeitig ein, nach fünf Minuten folgen die nächsten beiden. Zu kurz getaktet? Irrtum. Manche sprinten geradezu durch die Wohnung und halten sich darin keine drei Minuten auf. Andere bleiben länger, weil sie Fragen haben oder eine Beziehung zu dir aufbauen wollen. Mehrere Personen lassen sich prima parallel managen, da du ja ohnehin immer wieder dieselben Fragen beantwortest. Anhand der Gespräche und der Verweildauer bekommst du auch ein gutes Gefühl dafür, wie interessiert sie wirklich sind. Besonders Interessierte bringen dir eine Mappe mit ihren vollständigen Unterlagen mit und senden dir im Anschluss an den Termin eine Dankesnachricht, in der sie noch mal betonen, wie gut die Wohnung zu ihnen passen würde. Hier ein Überblick, welche Unterlagen als Entscheidungsgrundlage dienen:

- Unterschriebene Mieterselbstauskunft,
- Schufa-Bonitätsauskunft,
- die letzten drei Gehaltsabrechnungen,
- Mietzahlungsnachweis, idealerweise der letzten 24 Monate.

Eine Mieterselbstauskunft ist Standard, die darin enthaltenen Daten dienen dir als Vertragsbasis. Sollte zu einem späteren Zeitpunkt ans Tageslicht kommen, dass dein Mieter falsche Angaben gemacht hat, stellt das in der Regel einen Grund für eine fristlose Kündigung dar. Am wichtigsten sind das Nettoeinkommen sowie das Beschäftigungsverhältnis, denn hiermit hat der Mieter seine wirtschaftliche Situation offengelegt. Eine Vorlage für die Mieterselbstauskunft können sich Mietinteressenten kostenlos im Internet herunterladen.

Die Aussagekraft der Schufa-Bonitätsauskunft ist hingegen durchaus infrage zu stellen. Sie enthält längst nicht alle kritischen Bonitätsdaten, die dir ein Mieter verschweigen kann, denn sie sagt lediglich aus, dass über Person XY »ausschließlich positive Vertragsinformationen« vorliegen. Im Dunkeln bleibt indes, wie viele Konsumentenkredite die Person laufen hat und in welcher Höhe. Was ich sagen möchte: Nur weil jemand eine positive Schufa-Bonitätsauskunft vorweisen kann, heißt das noch lange nicht, dass er immer pünktlich die Miete zahlen wird.

Die letzten drei Gehaltsabrechnungen (bei Selbstständigen die letzten drei Jahresabschlüsse) sind ein Muss, wenngleich auch sie nicht beweisen, dass der Interessent sich die Wohnung leisten kann. Es soll Leute geben, die 10 000 Euro netto im Monat verdienen, aber trotzdem chronisch blank sind, weil sie meinen, mit den Geissens konkurrieren zu können.

Deutlich mehr Aussagekraft hat da ein Mietzahlungsnachweis für die vergangenen 24 Monate, am besten legt dir der Interessent einen Kontoauszug vor. Außerdem möge er dir die Nummer seines aktuellen Vermieters geben, den du anschließend kontaktierst, um mal nachzuhorchen, wie das aktuelle Mietverhältnis ist. In der Regel sind dir die Vermieterkollegen wohlgesinnt und bestätigen zumindest mündlich das (hoffentlich) reibungslose Verhältnis. Halt dich aber unbedingt an den Datenschutz und lass den Interessenten vorher um Erlaubnis bitten, denn einfach so die Nummer seines Vermieters rausgeben darf er nicht.

Kaltmiete

Mit einer zu niedrigen Kaltmiete verschenkst du Geld, mit einer zu hohen vergraulst du Interessenten oder verstößt schlimmstenfalls sogar gegen das Gesetz. Denn derzeit greift in 415 deutschen Städten die Mietpreisbremse, die zumindest noch bis zum 31.12.2025 rechtlichen Bestand hat. Sie besagt: »Bei Neuvermietung darf der Mietzins nur 10 Prozent über der ortsüblichen Miete liegen.«[10] Was als ortsüblich gilt, definiert in größeren Städten der Mietspiegel; indessen argumentierst du in kleineren Städten ohne Mietpreisbremse mithilfe von Vergleichsobjekten. Da eine Umfrage in deinem Viertel recht aufwendig wäre, machst du dir wohl besser ein Bild anhand der gängigen Immobilienportale. Grundsätzlich gilt: Bietet deine Wohnung mehr als die Vergleichswohnungen, kannst du auch eine höhere Kaltmiete verlangen. Manche Ausstattungsmerkmale wissen Mieter besonders zu schätzen, als da wären: Einbauküche, großer Balkon, modernes Bad, Fußbodenheizung,

Fahrradkeller, E-Ladesäule, Pkw-Stellplatz, Fitnessstudio im Objekt oder eine gemeinschaftlich nutzbare Dachterrasse, auf der man Sommerabende ausklingen lassen kann.

Viele Vermieter rühren die Kaltmiete nach Einzug ihrer Mieter nicht mehr an. Das ist grob fahrlässig, weil der Wert der Wohnung maßgeblich von der Kaltmiete abhängt und stagniert, wenn sie die Miete nie erhöhen. Doch dir passiert das nicht. Du trägst dir noch am Tag der Wohnungsübergabe eine Erinnerung in deinen Kalender ein, die exakt drei Jahre später aktiviert wird. »Miete erhöhen« lautet sie. Alle drei Jahre darfst du die Miete – abhängig von der Stadt und deren gültiger *Kappungsgrenze* – entweder um 15 oder 20 Prozent nach oben anpassen. Vielleicht musst du die Wohnung plötzlich verkaufen, das kann man nie wissen, dann bist du froh, dass dir deine vorherige Mieterhöhung einen höheren Kaufpreis beschert hat. Unter der Annahme, dass du deine Wohnung zum 20-Fachen der Jahreskaltmiete verkaufst, entspricht eine Mieterhöhung von 500 auf 575 Euro (15 Prozent) einem Wert von 18 000 Euro*. Na, das lohnt sich doch! Sinn ergibt das natürlich nur in Lagen mit ausreichend hoher Mietnachfrage, da du mit der Erhöhung keinesfalls einen Leerstand riskieren willst. Lässt sich deine Wohnung nicht sonderlich gut vermieten, aus welchen Gründen auch immer, ist es besser, lieber etwas unterhalb der ortsüblichen Vergleichsmiete zu bleiben. Denn bereits drei Monate Leerstand können dir den Cashflow der letzten drei Jahre zunichtemachen.

Umlagefähige Betriebskosten

Wenig Beachtung wird in aller Regel den Betriebskosten geschenkt. Aus Vermietersicht sind sie ein Durchlaufposten, also

* Die Rechnung: Mieterhöhung = 75 × 12 × 20 = 18 000 Euro, Kaufpreis = 575 × 12 × 20 = 138 000 Euro.

kümmern sie dich nicht, richtig? Falsch! Den Mietern ist es egal, wie hoch die Kaltmiete ist, für sie zählt stets die Gesamtmiete. Und da die Betriebskosten nun einmal fester Bestandteil der Gesamtmiete sind, solltest du ihnen sehr wohl Beachtung schenken. Mehr noch: Sie dürfen sogar das Zünglein an der Waage bei der Entscheidung für oder gegen einen Wohnungskauf sein. Unter hohen Betriebskosten leidet die Vermietbarkeit, es sei denn, du reduzierst im Zuge dessen die Kaltmiete, was de facto den Wohnungswert herabsetzt. Wir verstehen uns?

Grundsätzlich hast du zwei Möglichkeiten, die Betriebskosten in der Gesamtmiete zu berücksichtigen. Entweder du vereinbarst eine Pauschalmiete, das bedeutet, jegliche Betriebskosten sind damit abgegolten, und zwar unabhängig von ihrer tatsächlichen Höhe. Oder du vereinbarst eine monatliche Betriebskostenvorauszahlung, die nach Ablauf des Abrechnungsjahres mit den tatsächlichen Kosten abgeglichen wird; lag die Vorauszahlung darüber, erhält dein Mieter eine Rückzahlung, lag sie darunter, forderst du von ihm eine Nachzahlung. Letztere Methode ist die fairere, weil sie eindeutig ist, allerdings muss die Abrechnung den Mieter bis spätestens 31.12. des Folgejahres erreichen, sonst verfällt dein Anspruch auf Nachzahlung. Auch sollte die Höhe der Vorauszahlung clever gewählt sein, damit dein Cashflow nicht das ganze Jahr über belastet wird. Von einer Pauschalmiete rate ich dir entschieden ab, da die Energiekosten Jahr für Jahr steigen und die Wahrscheinlichkeit hoch liegt, dass du irgendwann auf einem Teil der Betriebskosten sitzen bleibst. Und was fällt nun alles in die Kategorie »umlagefähig«? Folgende Tabelle enthält die wichtigsten Positionen, sie erhebt aber keineswegs Anspruch auf Vollständigkeit:

- Grundsteuer,
- Abwassergebühr,
- Heiz- und Warmwasserkosten,
- Heizungswartung,
- Sach- und Haftpflichtversicherungen,
- Müllabfuhr und Straßenreinigung,
- gemeinschaftlich genutzte Waschküche,
- Gebäudereinigung und Schädlingsbekämpfung,
- Beleuchtung / Allgemeinstrom,
- Schornsteinfeger,
- Gartenpflege,
- Hausmeister,
- Aufzugswartung (aber nicht die Instandhaltung),
- früher: Fernsehanschluss, Antenne und Kabelanschluss.*

Mietvertrag und Kaution

Der Mietvertrag ist das Herzstück eines jeden Mietverhältnisses. Er regelt die wesentlichen Rechte und Pflichten, sowohl für den Mieter als auch für den Vermieter. Wichtig: Alles, was darin keine Erwähnung findet, wird über das BGB oder das HGB geregelt. Diese Gesetzesbücher fallen eher zu deinem Nachteil aus, weil sie tendenziell mieterfreundlich ausgelegt sind, schreib daher alles Notwendige in den Mietvertrag, um deine Rechte bestmöglich zu schützen. Empfehlen kann ich die Vertragsvorlage von Haus & Grund, sie ist sowohl mieter- als auch vermieterfreundlich. Pro Mietvertrag zahlst du etwa

* Ab 1. Januar 2024 dürfen die TV-Kosten nicht länger im Rahmen der Betriebskosten abgerechnet werden. Der Grund dafür ist die Reformierung des Telekommunikationsgesetzes.

10 Euro, aber diese Investition lohnt allein deshalb schon, weil die Vertragsvorlage regelmäßig aktualisiert wird und damit auf dem neuesten rechtlichen Stand ist. Falls du vorhast, an Studenten oder junge Leute zu vermieten, lege ich dir nahe, jemanden in den Mietvertrag mit aufzunehmen, der für das Mietverhältnis bürgt. Beispielsweise die Eltern oder der Onkel. Apropos Studenten und junge Leute: Mangels liquider Mittel bevorzugen sie oft eine Wohngemeinschaft. Wie bildest du eine solche in einem Mietvertrag ab? Grundsätzlich hast du zwei Möglichkeiten: Entweder du schließt den Vertrag nur mit dem *Ankermieter* und gewährst ihm das Recht, einzelne Räume unterzuvermieten. Oder du schließt mit jedem WG-Bewohner einen eigenen Mietvertrag. Letzteres bedingt allerdings, dass du die Betriebskosten pauschalisierst, weil du unmöglich ermitteln kannst, wie oft sich jeder einzelne Bewohner ein Bad einlässt oder eine Pizza in den Ofen schiebt. Am fairsten ist es, die Betriebskosten über die Quadratmeter aufzuschlüsseln. Obwohl der Aufwand mit einem Ankermieter geringer ist, rate ich dir zu letzterer Variante, da du bei jeder Neuvermietung die Miete anpassen kannst. Auch Mieter werden es in vielen Fällen begrüßen, ein Vertragsverhältnis mit dir einzugehen anstatt mit einem Ankermieter, weil sie dann ihre Anliegen auf direktem Wege mit dir klären können.

Ein besonders strittiger Punkt ist Schimmel. Immer wieder tritt er in Wohnräumen auf, meistens wird er durch falsches Lüften verursacht. Deswegen lasse ich meine Mieter, zusätzlich zum Mietvertrag, ein Dokument unterzeichnen, auf dem geschrieben steht, wie man richtig lüftet. Glaub mir, nur die wenigsten Leute verstehen es. Erfahrungsgemäß gilt: Je einfacher die Lage, desto intensiver musst du deine Mieter »ausbilden«. Soll ich dir eine Schimmelstory erzählen? Eine meiner Wohnungen wurde zehn Jahre lang von derselben Person bewohnt.

Während dieser Zeit gab es kein einziges Schimmelproblem. Dann sind zwei neue Mieter eingezogen, ein junges Paar von stattlicher Statur. Beruflich bedingt waren die beiden viel zu Hause, entsprechend viel Zeit blieb für körperliche Ausdünstungen, die in Form von Kondenswasser in die Wände eindrangen. Es dauerte zwei Wochen, da meldeten sie sich wegen des ersten Schimmels. Ich erklärte ihnen, dass sie mehrmals täglich stoßlüften müssten, damit die von Feuchtigkeit gesättigte Luft nach außen dringen und Frischluft weichen kann. Dem Rat sind sie nicht gefolgt. Sie hielten es für klüger, den ganzen Tag die Fenster gekippt zu lassen, die Heizung dabei auf Vollgas. Ich erklärte ihnen, dass Heizkörper, die auf Vollgas laufen, im Zusammenspiel mit gekippten Fenstern das Schimmelproblem verschlimmern. Es half alles nichts. Meine Mieter dünsteten weiter aus und verwandelten die Wände in ein Feuchtbiotop. Sie pochten auf eine Lösung, also erklärte ich mich irgendwann bereit, die Wände zu öffnen, um ein bauseitiges Problem auszuschließen. Keines erkennbar. Meine Geduld war überstrapaziert! Daraufhin habe ich meinen Mietern empfohlen, auszuziehen, und dieses Mal folgten sie tatsächlich meinem Rat. An ihre Stelle trat eine alte Dame, die wusste, was Stoßlüften bedeutet – seitdem hat kein Schimmel mehr die Wände befallen.

Kaution und Übergabeprotokoll

Nachdem der Vertrag unterschrieben wurde, folgt im nächsten Schritt die Wohnungsübergabe. Als Kaution verlange ich drei Monatsmieten, erst wenn ich sie in bar erhalten habe oder der Betrag auf meinem Konto eingegangen ist, erhalten meine Mieter die Schlüssel. Alternativ akzeptiere ich eine Kautionsversicherung. Sollten am Ende der Mietzeit Schäden zum Vorschein kommen, die der Mieter verursacht hat, erhalte ich als

Vermieter den entsprechenden Kautionsanteil von der Versicherung; die wiederum stellt den Betrag dem Mieter in Rechnung. Viele Vermieter sträuben sich gegen Kautionsversicherungen; woran das liegt, habe ich bis heute nicht verstanden. Ich kann nur mutmaßen, dass es ihnen zu unsicher scheint, ob sie am Ende wirklich Geld sehen, und sie daher den direkten Zugriff auf die Kaution bevorzugen.

Bei Übergabe fertigst du ein Übergabeprotokoll an, in dem du sämtliche Zählerstände erfasst. Die sind wichtig für die Betriebskostenabrechnung; falls die Wohnung vorher leer stand, sendest du dem Versorger Fotos von den Zählerständen. Außerdem hältst du fest, welche und wie viele Schlüssel du dem Mieter überlassen hast, was wichtig ist, da er nur mit deiner Zustimmung welche nachmachen lassen darf. Darüber hinaus dient das Übergabeprotokoll als Bestandsaufnahme von Macken und Schäden, die an Türen, Wänden oder dem Fußboden sichtbar sind. Das ist vor allem für den Mieter wichtig, da er für Schäden, die schon vor Einzug sichtbar waren, logischerweise nicht haftet. Zudem machst du reichlich Fotos, mit denen du im Streitfall deine Unschuld beweisen kannst. Und am Tag des Auszugs dokumentierst du erneut die Zählerstände und alle Macken. In diesem Fall nennt sich das Dokument »Abnahmeprotokoll«.

Kündigung

Schließen wir das Kapitel mit einem unpopulären Thema, der Kündigung. Dazu sei vorab gesagt: Die Kündigung sollte der letzte Schritt sein, der immer erst folgt, wenn sich das Problem nicht anderweitig aus der Welt schaffen lässt. Egal, ob der Mieter einen temporären Geldengpass hat oder Unruhe im Haus stiftet, nach dem Grund dafür würde ich zunächst in einem persönlichen Gespräch suchen. Wenn es menschelt, lassen sich viele Probleme lösen. Doch leider ist das manchmal nicht möglich, vielleicht weil die Person nicht erreichbar ist oder sich das Problem zu oft wiederholt. In diesem Fall bleibt uns Vermietern keine andere Wahl, als eine Kündigung zu schreiben. Der häufigste Kündigungsgrund ist ein Mietrückstand. Sobald dir dein Mieter zwei komplette (!) Monatsmieten schuldig ist, hast du das Recht auf eine außerordentliche, also fristlose Kündigung. Blöd nur, wenn er kurz darauf den Mietrückstand (oder einen Teil davon) begleicht, denn damit macht er die außerordentliche Kündigung unwirksam. Um dem entgegenzuwirken, kombinierst du die außerordentliche mit einer ordentlichen Kündigung, so ist dein Mieter auch dann gekündigt, falls er die Mietrückstände zwischenzeitlich ausgleicht. Und was, wenn mir mein Mieter bloß eine Monatsmiete schuldig bleibt? Tja, dann darfst du ihm leider nicht kündigen, sondern erst, falls er dir in einem Zeitraum von sechs Monaten mindestens zwei Monatsmieten schuldet. Kommt es so, solltest du dich aber ohnehin juristisch beraten lassen, denn der richtige Wortlaut entscheidet darüber, ob die Kündigung wirksam ist.

Doch auch bei wirksamer Kündigung darfst du nicht einfach zu ihm spazieren und ihn eigenhändig aus der Wohnung rausschmeißen. Das wäre Hausfriedensbruch. Klingt absurd, ich weiß. Weigert sich der Mieter, auszuziehen, musst du eine sogenannte Räumungsklage erwirken, die Räumung selbst führt dann ein Gerichtsvollzieher in Zusammenarbeit mit der Polizei durch. Malen wir den Teufel aber mal nicht an die Wand, denn in den meisten Fällen verlässt ein gekündigter Mieter die Wohnung freiwillig.

Impulse

- Recherchiere die ortsübliche Vergleichsmiete für eine Beispielimmobilie. Orientiere dich entweder am Mietspiegel oder an fünf Vergleichsobjekten in der Nähe.
- Fordere für drei Beispielimmobilien die letzten drei Jahresabrechnungen an. Vergleiche die umlagefähigen und nicht umlagefähigen Betriebskosten. In welchem Punkt unterscheiden sie sich am deutlichsten?

Wie du eine Bestandsimmobilie entwickelst

Was glaubst du, wie sich der Wert deiner Wohnung entwickeln würde, wenn du zehn Jahre die Miete nicht erhöhen würdest? In guten Lagen müsste er trotzdem steigen, magst du denken, doch das stimmt nur bedingt. Falls du einen Eigennutzer findest, der die Wohnung emotional bewertet, weil er sich darin verliebt hat, könntest du Glück haben. Hingegen wird ein weniger emotionaler Kapitalanleger oder Investor als Berechnungsgrundlage stets die Kaltmiete heranziehen, und wenn du sie zehn Jahre lang nicht erhöht hast, verheißt das nichts Gutes für den Wert. Deine letzte Hoffnung ist ein boomender Markt beziehungsweise ein hoher Faktor, den ein Investor bereit ist, auf die mickrige Kaltmiete aufzuschlagen. Dumm nur, dass du den Markt nicht steuern kannst. Was du aber durchaus steuern kannst, sind regelmäßige Mieterhöhungen. Von ihnen profitierst du sowohl in schlechten als auch in boomenden Märkten, da sich eine höhere Kaltmiete immer positiv auf den Wert deiner Immobilie auswirkt.

Ich habe bereits erwähnt, dass du die Miete alle drei Jahre unter Berücksichtigung der Kappungsgrenze um entweder 15 oder 20 Prozent nach oben korrigieren darfst, wenn die ortsübliche Vergleichsmiete gestiegen ist. In aller Regel steigt sie aufgrund hoher Nachfrage und/oder der Inflation. Die Miete lässt sich auch direkt mit der Inflation koppeln, dafür vereinbarst du bei Vertragsabschluss eine sogenannte *Indexmiete*. Diese steigt mit der Inflation, genauer gesagt mit dem Verbraucherpreisindex, der die durchschnittliche prozentuale Veränderung der Lebenshaltungskosten abbildet. Das Statistische Bundesamt gibt den Verbraucherpreisindex jedes Jahr aufs Neue heraus, die Differenz schlägst du dann auf die Miete auf, wobei du darauf achtest, dass zwischen zwei Mieterhöhungen mindestens zwölf Monate liegen. Wenn du nicht jedes Jahr ein Mieterhöhungsschreiben aufsetzen willst, kannst du auch im Mietvertrag einen fixen Wert definieren; erst wenn der Verbraucherpreisindex diesen überschreitet, folgt die Mieterhöhung. Eine Indexmiete ist insbesondere dort von Vorteil, wo dich die Kappungsgrenze auf eine Erhöhung von 15 Prozent innerhalb von drei Jahren limitiert. Steigt die Inflation in diesem Zeitraum um mehr als 15 Prozent, gewinnst du mit der Indexmiete, steigt sie um weniger, verlierst du. Besonders vorteilhaft ist die Indexmiete, falls die Miete bei Mietbeginn über der ortsüblichen Vergleichsmiete liegt, da du trotzdem mit der Inflation erhöhen darfst, selbst wenn die Vergleichsmiete in den kommenden Jahren stagniert oder fällt. War die Indexmiete in der Vergangenheit sinnvoll? Ein Blick auf die vergangenen 10 bis 15 Jahre verrät, dass der Index schwächer anstieg als die Marktmiete. Allerdings hat sich die Situation verändert. Im Jahr 2022 lag die Inflationsrate bei 7,9 Prozent, im Jahr 2023 immerhin noch bei 5,9 Prozent.[11,12] Und wie uns Supermarktbesuche schmerzlich wissen lassen, steigen die Preise weiter, weshalb es durchaus denkbar ist, dass die Indexmiete in Zukunft an Attraktivität gewinnt. Für Vermieter, versteht sich.

Die Alternative zur Indexmiete ist die sogenannte *Staffelmiete*, von der ich häufig Gebrauch mache. Insbesondere in guten Lagen vereinbare ich bei Vertragsabschluss, dass die Miete maximal dreimal um einen absoluten Betrag oder Prozentsatz steigen wird. Auf der einen Seite kann ich dadurch die Wohnung verhältnismäßig günstig am Markt anbieten, denn der Mieter stimmt ja bereits mit seiner Unterschrift einer mehrfachen Erhöhung zu, sodass ich später keine lästigen Schreiben aufzusetzen habe, denen der Mieter widersprechen könnte. Auf der anderen Seite biete ich dem Mieter maximale Transparenz, da er von vornherein genau weiß, wie sich die Kaltmiete entwickeln wird. Der größte Vorteil der Staffelmiete ist allerdings, dass sich die Kappungsgrenze aushebeln lässt, die mich in Top-Lagen auf eine Erhöhung von 15 Prozent innerhalb von drei Jahren limitiert.[13]

Einen großen Haken haben Index- und Staffelmieten dennoch: Sie nehmen dir die Möglichkeit, die Miete aus anderen Gründen zu erhöhen, wie zum Beispiel wegen einer umfassenden Modernisierung.* Womit wir bei einem entscheidenden Punkt der Immobilienentwicklung angelangt sind: der baulichen Veränderung einer Immobilie. Im Allgemeinen hast du bei einer Eigentumswohnung weniger Möglichkeiten als bei einem Mehrfamilienhaus, das liegt auf der Hand. Als Besitzer einer Eigentumswohnung musst du, bevor du bauliche Veränderungen vornehmen darfst, deine Miteigentümer und die Hausverwaltung von einer Beschlussfassung überzeugen. Am sinnvollsten für die Miete sind solche Maßnahmen, die die Wohnfläche erweitern. Hierunter fallen:

* Einzige Ausnahme: Du bist gesetzlich zu einer Modernisierung verpflichtet. In diesem Fall darfst du die Miete zusätzlich zur Indexmiete erhöhen.

- Balkonanbau,
- Dachgeschossausbau,
- Souterrain erschließen (Kellerflächen zu Wohnraum umwandeln),
- Beheizte Wintergärten anbauen,*
- Treppenaufgänge in die Wohnfläche integrieren.

Diese Maßnahmen lassen sich unter dem Begriff »*Nachverdichtung*« zusammenfassen, womit gemeint ist, dass freie Flächen im Gebäude oder auf dem Grundstück genutzt werden, um zusätzliche Wohnfläche zu schaffen. Am einfachsten umzusetzen ist wohl der Balkonanbau. Doch woher weißt du, ob die Investition in Balkone wirtschaftlich sinnvoll ist? Dafür errechnest du den Return on Investment (ROI). Sagen wir, ein Mehrfamilienhaus soll um zehn Balkone erweitert werden und die Maßnahme soll insgesamt 50 000 Euro kosten. Pro Balkon entsteht eine zusätzliche Grundfläche von 6 Quadratmetern, wovon sich die Hälfte, also 3 Quadratmeter, der Wohnfläche gutschreiben lässt. Die Miete pro Quadratmeter Wohnfläche liegt bei 10 Euro, die zusätzliche Kaltmiete je Balkon beträgt demnach 360 Euro pro Jahr: 3 × 10 × 12 = 360 Euro. Ins Verhältnis gesetzt zu 5000 Euro entspricht das einem ROI von 7,2 Prozent. Das bedeutet, es dauert 13,89 Jahre (100/7,2), bis sich die Investition amortisiert hat. Ist das jetzt gut? Na ja, es ist akzeptabel, besser wären 10 Prozent. Allerdings bleibt in der Rechnung unberücksichtigt, dass sich Wohnungen mit Balkon deutlich besser vermieten lassen als solche ohne, weil sie den Wohnkomfort der Mieter maßgeblich steigern. Rein

* Unbeheizte Wintergärten zählen nicht zur Wohnfläche.

wirtschaftlich betrachtet gilt: Je besser die Lage und je höher die Kaltmiete pro Quadratmeter, desto eher lohnt sich ein Balkonanbau. Zumal es preislich kaum einen Unterschied macht, ob ich in Chemnitz oder in München Balkone anbaue.

Darüber hinaus kann sich die energetische Sanierung lohnen, nicht nur um die Betriebskosten zu senken, sondern auch um den CO2-Abdruck des Hauses zu verbessern, was gerade in jüngster Zeit an Bedeutung gewonnen hat. Unter die energetischen Sanierungsmaßnahmen fällt alles, was langfristig Energie spart und den Energieausweis verbessert. Zum Beispiel:

- Erneuerung der Fenster,
- Dämmung der Außenwände,
- Dämmung der Kellerdecke,
- Dachsanierung,
- Erneuerung der Heizung,
- Einbau einer Lüftungsanlage,
- Installation einer Fotovoltaik- oder Solarthermieanlage.

Einen Teil der Sanierungskosten darfst du über eine *Modernisierungsumlage* an deinen Mieter weitergeben. Der Gesetzgeber erlaubt, die jährliche Kaltmiete um 8 Prozent der Sanierungskosten zu erhöhen. Hierzu ein kleines Rechenbeispiel: Nehmen wir an, du bist Eigentümer einer Wohnung, die zu einem Mehrfamilienhaus gehört, an dem kürzlich eine Außendämmung vorgenommen wurde. Der Sanierungskostenanteil, der auf deine Wohnung entfällt, beträgt 10 000 Euro. 8 Prozent davon, das sind 800 Euro, darfst du nun auf die jährliche Kaltmiete aufschlagen. Sagen wir, sie liegt aktuell bei 7200 Euro. Wir addieren die 800 Euro hinzu und erhalten die neue jährliche

Kaltmiete: 8000 Euro. Schon bemerkt, was das in Prozenten bedeutet? Richtig, die Modernisierungsumlage von 8 Prozent hat zu einer Mieterhöhung von 11,1 Prozent geführt. Das ist doch ziemlich cool. Ich möchte aber erneut betonen, dass du die Modernisierungsumlage nur vornehmen darfst, wenn die Miete nicht schon im Rahmen einer Index- oder Staffelmiete erhöht wurde, es sei denn, der Staat hat dich zur Modernisierung verpflichtet. Zudem musst du die *Kappungsgrenze für modernisierungsbedingte Mieterhöhungen* einhalten. Das bedeutet in Zahlen: Innerhalb von sechs Jahren darf die Erhöhung nicht mehr als 3 Euro pro Quadratmeter betragen; falls die Kaltmiete vor der Erhöhung weniger als 7 Euro pro Quadratmeter betrug, sinkt die Kappungsgrenze sogar auf 2 Euro pro Quadratmeter. Immerhin hast du als Vermieter die Wahl, ob du die Kappungsgrenze mit einer einzelnen Modernisierung vollständig ausschöpfst oder mehrere davon durchführst.[14] Dennoch ist diese Einschränkung insbesondere in guten Lagen problematisch, wegen der höheren Kaltmiete, die als prozentuale Basis dient.

Doch es müssen ja nicht gleich Sanierungen dieser Größenordnung sein. Unerwähnt blieben bislang Instandhaltungen, die du innerhalb deiner Wohnung vornimmst, als da wären: Böden erneuern, Badobjekte tauschen, Elektrik upgraden, Wände streichen, Türen lackieren oder tauschen, Einbauküche installieren und ähnliche. Meine Empfehlung: Nimm regelmäßig Geld in die Hand, um deine Wohnung »frisch« zu halten. Das freut nicht nur den Mieter, sondern ermöglicht dir, insbesondere in Zeiten hoher Einkünfte, deine Steuerlast zu mindern. Vielleicht hast du in einem Jahr besonders viel verdient, oder die Wohnung selbst erwirtschaftet einen stattlichen Überschuss. Dann investiere ein Teil des Geldes in Renovierungen, denn damit senkst du nicht nur dein zu versteuerndes Einkommen, du erhöhst außerdem den Wert der Wohnung, gewinnst also doppelt. Als Renovierungskapital kann auch die Kaution des Mieters dienen, und zwar falls dieser die Wohnung mit Schäden oder Mängeln hinterlassen hat. Zögere nicht, die Kaution hierfür zu verwenden, dafür ist sie vom Prinzip her ja gedacht. Es wäre doch denkbar, dass ihr im Mietvertrag vereinbart habt, dein Mieter müsse die Wände vor dem Auszug weiß streichen, doch dazu sei er nicht gekommen, behauptet er. Was nun? Entweder weist du ihn freundlich auf seine Pflicht hin und lässt ihn die Arbeit nachträglich durchführen, oder aber du bietest ihm an, die Kaution um den Betrag zu kürzen, die dich ein Maler kosten wird. Gleiches gilt für Schäden an der Einbauküche oder am Laminat, natürlich nur, sofern es sich nicht um normale Abnutzungsspuren handelt. Klingt nach viel Aufwand? Für ein paar Wohnungen kannst du das noch gut managen, aber ab einem gewissen Bestand wirst du nicht umhinkommen, einen Allround-Handwerker zu beschäftigen, der dich bei der Immobilienentwicklung unterstützt. Allerdings ist ein solcher Kontakt bereits vorteilhaft, wenn du nur eine Wohnung besitzt, denn handwerkliche Arbeiten fallen auch darin regelmäßig an.

Im Hinblick auf die Skalierung kommt immer wieder die Frage auf, ob man sich auf einen Objekttyp festlegen oder seine Wohneinheiten querbeet kaufen sollte, um sich breiter aufzustellen und das Risiko damit zu streuen. Das mag jeder handhaben, wie er möchte, aber ich bin ein ganz klarer Fan der Spezialisierung. Sie bringt mehr Vorteile mit sich, zum Beispiel kann ich schneller einschätzen, wer der geeignete Mieter ist und welche Miete ich verlangen kann. Außerdem weiß ich besser über den Markt Bescheid, und das merken auch die Makler. Wegen meiner Präsenz in der Nische bemerken sie mich eher und lernen mich als Geschäftspartner zu schätzen. Eine Spezialisierung wirkt professionell, dadurch steigt die Wahrscheinlichkeit, dass mir die Makler auch mal eine Wohnung unter der Hand anbieten.

Bisher bezogen sich die Hinweise zur Immobilienentwicklung auf die Strategie »Buy & Hold«. Soll heißen, ich bin davon ausgegangen, dass du deine Immobilie langfristig hältst (Bestandshaltung) und mithilfe von Investitionen die Miete und somit den Wert steigerst, um sie nach zehn Jahren mit einem hübschen Gewinn steuerfrei zu verkaufen. Daneben existiert noch eine zweite Strategie, die wir als »Fix & Flip« oder »Immobilienhandel« bezeichnen. Was es damit auf sich hat und welche Chancen und Risiken sich dahinter verbergen, schauen wir uns im nächsten Kapitel an.

Impulse

- Recherchiere, ob an deinem gewünschten Immobilienstandort die Mietpreisbremse greift.
- Prüfe die aktuelle Kaltmiete von drei Beispielimmobilien, zu denen du die Unterlagen anforderst. Rechne nach, wie hoch die Kaltmiete wäre, wenn du sie nach dem Kauf unter Berücksichtigung der Kappungsgrenze erhöhen würdest. Läge sie dann oberhalb, unterhalb oder auf Höhe der ortsüblichen Vergleichsmiete?

Worin die Chancen und Risiken von Fix & Flip liegen

Im Gegensatz zur Bestandshaltung beabsichtigst du bei der Strategie Fix & Flip einen kurzfristigen, um nicht zu sagen schnellstmöglichen Verkauf. Kaufen, aufwerten, verkaufen. Je zügiger, desto besser, denn die Zeit arbeitet gnadenlos gegen dich. Dafür verspricht die Strategie bei richtiger Umsetzung eine lukrative Rendite, die sich entweder aus der Aufwertung oder aus einem günstigen Einkauf ergibt. Oder aus beidem. Allerdings birgt Fix & Flip mehr Risiken als die Bestandshaltung. Ein Bestandshalter braucht im Grunde nur drei Stellschrauben zu beachten: Kaufpreis, Vermietung, Finanzierung. Einmal intensiv damit befasst, kann er von dem Ergebnis die nächsten fünf bis zehn Jahre zehren, ohne dass sich groß etwas verändert. Fix & Flip verlangt einem Investor höhere Fähigkeiten ab. Im Grunde gibt es auch hier nur drei Stellschrauben: Kaufpreis, Sanierungskosten, Verkaufspreis. Aber diese haben es in sich, weil sie sich gnadenlos auf den Projekterfolg auswirken, insbesondere die Sanierungskosten machen die Rendite schnell zunichte.

Unwägbarkeiten bei der Sanierung

Die Sanierung und ihre Kosten abzuschätzen, stellt einen Immo-Flipper wohl vor die größte Herausforderung. Zum einen halten Handwerker leider nicht immer, was sie versprechen, zum anderen läuft eine Sanierung selten so ab, wie du und ich sie prognostiziert haben. Deshalb ist ein solider finanzieller Puffer nötig, um Außerplanmäßiges abzufedern. Jetzt magst du einwerfen: »Was kann daran so schwierig sein? Bei der Besichtigung bewerte ich den Ist-Zustand der Wohnung und leite daraus eben die Maßnahmen ab, die nötig sind, um den Soll-Zustand zu erreichen.« In der Theorie simpel, die Praxis zeigt jedoch, dass regelmäßig Probleme auftreten, die du nicht kommen siehst. Das Gefährliche daran ist der Rattenschwanz, den sie nach sich ziehen können. Vielleicht rechnest du mit einer Badsanierung, winkst aber die Elektrik der Wohnung zu voreilig durch. Dass kein Weg an ihrer Erneuerung vorbeiführt, fällt dir erst auf, als dich der Sanitärbetrieb auf die zweiadrigen Kabel hinweist, die ein No-Go sind, weil ein modernisiertes Bad mit einem separaten Schutzschalter (FI) ausgestattet sein muss. Anderes Beispiel: Einmal habe ich die Heizkörper einer Wohnung für optisch akzeptabel befunden. Als später die Wände weiß gestrichen waren, stand ich im Wohnzimmer und kam ins Zweifeln: »Hm, Heizkörper mit Gelbstich vor einer strahlend weißen Wand sehen recht unappetitlich aus. Der Kontrast könnte hinderlich beim Verkauf sein.« Aus Kostengründen habe ich mich dann gegen den Tausch der Heizkörper und fürs Lackieren derselben entschieden, trotzdem hat mir der Maler seine Dienste nicht geschenkt und der außerplanmäßige Aufwand die Marge des F&F-Projekts verringert.

Selbst das Übersehen versiffter Rollladengurte kann dich teuer zu stehen kommen. Du nimmst an, günstigen Ersatz im Baumarkt zu finden, musst jedoch feststellen, dass die Rollläden zu alt und deswegen mit den neuen Gurten nicht mehr kompatibel sind. Die Konsequenz: Du lässt sämtliche Rollläden tauschen, was für eine Dreizimmerwohnung einem Mehraufwand von etwa 2000 Euro entspricht. Solche Dinge zu übersehen, mag dir dilettantisch vorkommen, doch gerade unerfahrene Immo-Flipper werden in solche Fallen tappen. Ich jedenfalls habe die Sanierungskosten lange Zeit nicht in den Griff bekommen. Über die Jahre habe ich mir eine Checkliste angelegt, die ich immer wieder ergänze, wenn etwas schiefgelaufen ist. Ein simples PDF, das ich während einer Besichtigung dabeihabe und in dem ich Punkte wie zum Beispiel Rollladengurte, Elektrik oder Heizkörper abhaken kann. Dennoch habe ich reichlich Lehrgeld bezahlt. Merklich gebessert hat sich meine Kalkulation eigentlich erst durch die Skalierung, weil dadurch mehr Leute aufgepasst haben (Mitarbeiter, Architekten, Bauleiter und so weiter), und nachdem ich mich von einigen Handwerkern getrennt hatte. Insbesondere Letzteres war dringend notwendig, wie du gleich lesen wirst.

Der Umgang mit Handwerkern

Für einen erfolgreichen Flip benötigst du Handwerker, die nicht nur schnell, sondern auch zuverlässig arbeiten. Gerade wer am Anfang steht, neigt dazu, nach dem günstigsten Handwerker Ausschau zu halten, doch dieser Geiz stellt sich in den allermeisten Fällen als schlechte Entscheidung heraus. Ich kann mich noch gut an ein frühes Projekt erinnern. Damals bin ich mit einem scheinbar preiswerten Handwerker durch die Wohnung gegangen, damit er einen Eindruck vom Sanierungsaufwand gewinnen konnte. »Kein Problem, die Wohnung werde ich dir super aufwerten!«, waren seine detailreichen Worte. Naiv, wie ich war, kaufte ich sie ihm ab, und als ich ein paar Wochen später in der »renovierten« Wohnung stand, überkam mich Unbehagen. Mich begrüßten alte Steckdosen und vergilbte Rollladengurte. Am Übergang zwischen Boden und Wand klebten die alten Sockelleisten, obwohl das Laminat neu war. Die Türklinken waren abgegriffen. Und der Lüfter im Bad sah verranzt aus. Diese Erfahrung hat mich gelehrt, vor jeder Sanierung ein *Leistungsverzeichnis* anzufertigen. Klingt nach einem hohen Wort, denn im Grunde genügt ein Zettel, auf dem steht, welche Aufgaben der Handwerker zu erledigen hat. Je detaillierter, desto besser, außerdem von beiden Parteien unterschrieben. Auch die Renovierungszeit sollte Erwähnung finden, im Idealfall mit Strafzahlung, falls der Handwerker die Deadline reißt. Das erspart von vornherein Ärger.

Und noch eine zweite Erkenntnis durfte ich gewinnen: Ich kann den Handwerker nicht einfach machen lassen. Ohne Kontrolle entgleist mir die Baustelle. Denn als ich mir das Badezimmer näher ansah, musste ich feststellen, dass der Handwerker die Badobjekte recht eigenwillig angeordnet hatte. Die Toilette war quer zur Badewanne ausgerichtet und der Abstand dazwischen betrug keine 10 Zentimeter, sodass ich mein Geschäft hätte breitbeinig verrichten müssen, weil ich sonst mit meinen Knien die Badewannenkante touchiert hätte. Mal abgesehen davon, dass es einer Akrobatiknummer glich, meinen Allerwertesten auf den Toilettensitz zu befördern. Super Arbeit! Oder eben gerade nicht. Daraufhin habe ich dem Handwerker meine Bedenken mitgeteilt: »Kollege, das geht so nicht! Hast du dich mal auf den Thron gesetzt? Wer würde sich hier freiwillig niederlassen?« Er willigte ein, die Toilette herauszureißen, was sich aber als nicht machbar erwies, ohne die Badewanne ebenfalls zu entfernen, deren Unterkonstruktion übrigens aus Pappabfall bestand. Überaus fachmännisch. Die Lösung war am Ende eine schmalere Ständerkonstruktion für die Toilette, die weniger Platz benötigte.

Andere Geschichte: Ich bin gerade dabei, eine Einbauküche abzunehmen, als mich das Gefühl beschleicht, dass hier etwas nicht stimmt. Ich betrachte die Unterschränke und den Herd; beides scheint in Ordnung. Mein Blick wandert nach oben, vorbei an den Oberschränken und stoppt bei der Dunstabzugshaube. Moment mal: Warum befindet sie sich über der Spüle? Was soll der Unfug? Besser aufgehoben wäre sie über dem Herd. Ich weise den Monteur darauf hin, der beruft sich auf den fehlenden Stromanschluss oberhalb vom Herd. Ob er darüber nachgedacht habe, mich anzurufen, bevor er den neuen Platz für die Dunstabzugshaube auserkoren hat? Zustimmende Stille. Das Ende vom Lied: Der Elektriker hat die Steckdose versetzt, daraufhin der Monteur die Oberschränke und die Dunstabzugshaube. Ich will jetzt nicht die Intelligenz aller Handwerker beleidigen, aber bei solchen Montagen fragt man sich allen Ernstes, was da in den Hirnwindungen los war. Meine Meinung ist: Entweder du kontrollierst jeden Tag die Baustelle oder es wird irgendetwas schiefgehen. Zum Glück gibt es mittlerweile viele digitale Möglichkeiten wie Facetime oder WhatsApp – die Hauptsache ist, du erhältst jeden Tag ein Update, damit du schnell reagieren kannst. Falls dir das nicht liegt oder dir die Fähigkeiten fehlen, wirst du einen Bauleiter beauftragen müssen, der auf die Marge schlägt. Ab der Größenordnung Mehrfamilienhaus empfehle ich dir außerdem, schon früh einen Architekten oder Bauingenieur an Bord zu holen, weil das Fehlerrisiko höher als bei einer Wohnung ist, ebenso die versteckten Gefahren. Selbst erfahrenen Immo-Flippern fehlt oft das Auge für manche Details, die Besichtigung mit einem Architekten/Bauingenieur kostet etwas, aber ihre Erfahrung ist viel wert und kann dich vor bösen Überraschungen schützen.

Die Finanzierung von F&F-Projekten

Verlassen wir die Baustelle und betreten das Terrain der Bank. Immo-Flipper sehnen sich nach Flexibilität, weil sie selten genau wissen, wie lange ein Projekt von Einkauf bis Verkauf dauert. Deshalb sind der Regelfall variable Finanzierungen, die maximal zwei bis drei Jahre laufen und jederzeit rückführbar sind; für Eigentumswohnungen reicht meistens auch eine Laufzeit von einem Jahr. Solche Finanzierungen ersparen dir die Vorfälligkeitsentschädigung für den Fall, dass du das Objekt schon vor Laufzeitende verkaufst. Das bedeutet: Das Darlehen selbst hat zwar eine feste Laufzeit, jedoch ist der Zins variabel und wird monatlich mit der Veränderung des *Euribor** angepasst. Und genau dahinter lauert eine Gefahr.

Mir ist ein Fall eines Investors bekannt, dessen Plan es war, drei marode Mehrfamilienhäuser in Eigentumswohnungen aufzuteilen, diese zu sanieren und anschließend zu veräußern.

---

* Euro Interbank Offered Rate.

Ein Vorhaben, das bei professioneller Durchführung etwa eineinhalb Jahre hätte dauern sollen. Das Projekt startete Mitte 2022, zur Zeit des absoluten Zinstiefs, mit einem variablen Zinssatz von 3 Prozent*. Wie wir wissen, erhöhte die Europäische Zentralbank kurz darauf schrittweise den Zinssatz, schon im Dezember 2022 lag er bei knapp 2 Prozent. Was bedeutete das für den Investor? Sein ursprünglicher Zinssatz stieg von 3 Prozent auf 5,5 Prozent und drohte weiter zu steigen. Parallel zu diesem Zinsdesaster sprang ihm sein Generalunternehmer ab, womit jegliche Hoffnung zerplatzte, die Wohnungen zeitnah zu liquidieren. Bis April 2023 kletterte der Euribor auf 3 Prozent, der Investor hatte nun bereits Zinsen in Höhe von 6,5 Prozent zu stemmen. Bei einer Darlehenssumme von circa 1,5 Millionen Euro kam da wenig Freude auf. Wie die Nummer ausging? Seine Liquidität litt von Monat zu Monat, bis seine Reserven irgendwann erschöpft und er der Insolvenz gefährlich nahe war. Glücklicherweise hatte er die drei Mehrfamilienhäuser mit einer GmbH gekauft und fand einen waghalsigen Unternehmer, der bereit war, ihm die gesamte GmbH für einen symbolischen Betrag von 1 Euro abzukaufen. Die 50 000 Euro, die bereits von seinem Privatvermögen in die GmbH geflossen waren, verlor er jedoch mit dem Verkauf.

Geschichten wie diese zeigen, welche Gefahr in variablen Darlehen steckt. In Niedrigzinsphasen rechnen die wenigsten damit, dass sich der Marktzins binnen weniger Monate verdoppeln oder gar verdreifachen kann, und wenn es dann passiert, erwischt es sie wie ein sommerlicher Platzregen. Ich möchte nicht zu denjenigen gehören, die ihm ungeschützt ausgeliefert sind, deswegen ist mir die zweite Finanzierungsvariante lieber:

* Vielleicht kommt dir der Zinssatz hoch vor, weil der Euribor damals bei minus 0,5 Prozent lag. Natürlich schlägt die Bank einen Risikoaufschlag auf, schließlich will sie Geld verdienen.

ein Darlehen mit Zinsbindung. Ja, selbst für F&F-Projekte bevorzuge ich einen festen Zins, obwohl ich eine Vorfälligkeitsentschädigung zahle, sollte ich das Darlehen vor Laufzeitende rückführen. Aber immerhin handelt es sich dabei um eine feste, kalkulierbare Größe, deren Höhe ich mit der Bank im Vorhinein verhandle. Dieses Vorgehen eignet sich besonders für größere Projektvolumina, die die Bank ungern variabel finanziert, weil ihr dein und damit auch ihr Risiko zu hoch ist. Natürlich verhandeln wir Finanzierungen dieser Art mit keinem Privatkundenberater, was mich zu einem wichtigen Punkt bringt: Privatkundenberater dürfen F&F-Finanzierungen meistens nicht durchwinken, in der Regel sprichst du mit einem neuen Ansprechpartner aus der Gewerbekundenabteilung. Ebenfalls heißt das: Fehlt es dir an Immobilienexpertise, riskiert kaum ein Banker eine solche Finanzierung. Von Vorteil ist, wenn du zuvor schon Erfahrungen als Bestandshalter gesammelt hast und wenn du 20 bis 35 Prozent der Gesamtinvestitionskosten als Eigenkapital mitbringst.

Der Verkauf: Speed is King

Die Geschwindigkeit ist das A und O für einen Immo-Flipper. Jeder Tag zählt, deshalb müsste die Strategie eigentlich »FF & FF« lauten: »Fixer Fix & Fixer Flip«. Warum jeder Tag zählt? Weil das Kapital, das in einem Projekt gebunden ist, schnellstmöglich wieder frei werden sollte, damit es in das nächste Projekt fließen kann. Die entscheidende Kennzahl nennt sich *»Umschlagshäufigkeit«*. Hierzu ein Rechenbeispiel: Nehmen wir an, ein Immo-Flipper kauft eine Wohnung, deren Gesamtinvestitionskosten sich auf 100 000 Euro belaufen. Exakt ein Jahr später verkauft er sie mit 30 000 Euro Gewinn, er erzielt demnach eine Rendite von 30 Prozent. Nun stellen wir uns vor, die Umsetzung des Projekts gelingt ihm in nur sechs Monaten, sein eingesetztes Kapital wird wieder frei und er investiert es in eine gleichwertige Wohnung, für die er erneut sechs Monate später einen Käufer findet. In diesem Fall beträgt die Umschlagshäufigkeit zwei, das heißt, der Immo-Flipper erzielt mit seinem eingesetzten Kapital gleich zweimal innerhalb eines Jahres eine Rendite von 30 Prozent. Auf das Jahr hochgerechnet ergibt das 60 Prozent. Benötigt er hingegen für den Verkauf zwei Jahre, reduziert sich seine Rendite auf 15 Prozent. Dieses zugebenermaßen recht theoretische Exempel verdeutlicht, wie entscheidend die Geschwindigkeit für ein F&F-Projekt ist. Am besten beginnen die Handwerker mit der Renovierung noch am Tag des Besitzübergangs – das ist der Tag, an dem der Kaufpreis beim Verkäufer eingeht. Eventuell stimmt der Verkäufer zu, schon davor anzufangen, aus Versicherungssicht ist das allerdings etwas tricky und in der Regel nicht gern gesehen.

Einen hohen Anteil an der Projektdauer hat üblicherweise die Käufersuche. Oft stoßen Immo-Flipper den Verkauf zu spät an, dabei ist es durchaus möglich, eine Wohnung zu verkaufen, noch während sie renoviert wird. Sollte die Wohnung wider Erwarten längere Zeit leer stehen, empfiehlt sich eine Vermietung, um mit der Miete die laufenden Kosten (Zinsen und Hausgeld) zu decken. Schon im Finanzierungsgespräch würde ich die Vermietung als Plan B präsentieren, so erkennt die Bank, dass du dich mit einem Krisenszenario auseinandersetzt, in dem dir der Cashflow als Sicherheitsnetz dient. Denn man weiß nie, wie sich der Markt entwickelt, und Mieter finden sich leichter als Käufer. Und falls du vorhast, die Wohnung als Kapitalanlage zu verkaufen, rate ich dir ohnehin zur Vermietung, da die Rendite für Kapitalanleger das entscheidende Kaufkriterium darstellt.

Grundsätzlich gibt es zwei Zielgruppen für eine F&F-Immobilie: Eigennutzer oder Kapitalanleger. Eigennutzer bevorzugen eine leere Wohnung, weil sie unmittelbar nach dem Kauf einziehen möchten, wohingegen sich Kapitalanleger eine lukrativ vermietete Wohnung wünschen, die bereits mit Besitzübergang eine Rendite erwirtschaftet. An Kapitalanleger zu verkaufen, ist etwas anspruchsvoller, dafür lohnt sich der Verkauf normalerweise mehr. Denn wie in einem früheren Kapitel bereits beschrieben, enthält der Preis einer Kapitalanlageimmobilie einen Aufschlag für den *Vertriebsaufwand*, der zu einer höheren Marge führt. Dennoch gelingt diese Art des Verkaufs nur den wenigsten Immo-Flippern, meistens fehlt ihnen das Vertriebsnetzwerk, sodass ihnen zu wenige potenzielle Käufer zur Verfügung stehen. Als Alternative bleibt ihnen nur, einen Profi zu engagieren, der für seine Dienste eine Provision von 5 bis 15 Prozent des Verkaufspreises für sich beansprucht. Entweder sind das spezielle Kapitalanlagevertriebe oder große Finanzdienstleister, hinzu kommen einige Einzelkämpfer, die das Immogame beherrschen. Sie alle fliegen eher unter dem Radar, deswegen findest du Kapitalanlageimmobilien auch selten bei den gängigen Portalen.

Abgesehen von den Verkaufsfähigkeiten spielt auch der Markt selbst eine Rolle für die Rendite eines F&F-Projekts. In einem florierenden Markt werden deine Fehler ein Stück weit vom positiven Momentum ausgeglichen. Nämlich weil der Wert der Immobilie ja weiter steigt, selbst wenn sie brach liegt. Das heißt, im vergangenen Jahrzehnt konntest du eine Immobilie zum Marktpreis kaufen und ein halbes Jahr später zu einem höheren Marktpreis wieder verkaufen. In der aktuellen Marktphase (2024), die damit begann, dass die EZB die Zinsen anhob, geht diese Rechnung nicht mehr auf. Die Immobilie wird nicht mehr in derselben Geschwindigkeit an Wert gewinnen. Vielleicht fallen die Preise sogar, das wäre der ungünstigste Fall für Fix & Flip. Um noch eine reelle Chance mit diesem Geschäftsmodell zu haben, musst du eine Immobilie unter Marktwert kaufen, am besten deutlich darunter. Denn die Marge, die die Aufwertung der Wohnung verspricht, wird nicht attraktiv genug sein, um das vergleichsweise hohe Risiko zu kompensieren. Deswegen sind erfolgreiche Immo-Flipper sehr restriktiv im Einkauf, genauer gesagt kaufen sie nur Objekte mit ordentlich Luft nach oben, sodass sie Unvorhergesehenes abfedern können.

Zeit für ein Fazit: Fang klein an und rechne dir nichts schön

Du kaufst eine Wohnung für 100 000 Euro, sanierst sie für 20 000 Euro und verkaufst sie für 140 000 Euro. Läuft alles glatt, winkt ein Gewinn von 20 000 Euro vor Steuern. Hört sich erst mal ganz gut an, oder? Auf der anderen Seite musst du deinen Arbeitsaufwand berücksichtigen, außerdem die Zinsen, die vor ein paar Jahren weniger ins Gewicht fielen als heute. Falls jetzt etwas schiefläuft oder Unvorhergesehenes auftritt, wie ein Bad oder eine Elektrik, die du wider Erwarten doch sanieren musst, fressen diese Maßnahmen mir nichts, dir nichts die gesamte Marge auf. In diesem Fall hast du kein Geld verdient, sondern nur welches »getauscht«, hattest aber trotzdem Arbeitsaufwand und Stress. Für deinen ersten F&F-Deal empfehle ich dir daher: Fang klein an. Führe nicht gleich eine Kernsanierung durch, sondern such nach einem Objekt, das sich »kosmetisch« aufwerten lässt: Schalter und Steckdosen erneuern, Türen und Heizkörper lackieren, Böden tauschen, einzelne Badobjekte ersetzen, Badfliesen folieren oder lackieren. Du wirst dich wundern, wie sich mit kleinen Maßnahmen dieser Art das Erscheinungsbild einer Wohnung verbessern und somit auch ihr Wert steigern lässt. Vermeide es für den Anfang, Bäder zu sanieren, die Elektrik komplett zu tauschen oder eine neue Heizung einzubauen. Denn dadurch steigt sowohl der zeitliche als auch der finanzielle Aufwand deutlich. Ohnehin lässt sich Fix & Flip nur schwerlich nebenher betreiben, es gleicht eher einem Fulltime-Job. Ohne zeitliche Hingabe entgleisen dir die Baustellen oder der Verkauf zieht sich in die Länge; beides wirkt sich negativ auf die Rendite aus. Diese Strategie ist daher durchaus eine Typfrage: Gehst du *all in* oder gehst du nicht *all in*? Widmest du dich der Sache voll, erhöht sich die Umschlagshäufigkeit, was sich wiederum positiv auf deine Liquidität auswirkt, wodurch du dir eher leisten kannst, vom Flippen zu leben. Falls du aber nicht die drei Bereiche Einkauf, Sanierung, Verkauf beherrschst, ist Buy & Hold vorerst die sinnvollere Strategie.

Impulse

- Suche nach einer Immobilie, die sich »kosmetisch« aufwerten und weiterverkaufen ließe.
- Wie bist du in Sachen Handwerker aufgestellt? Wer könnte dir einen fähigen »Allrounder« empfehlen?
- Wenn du einen Allrounder gefunden hast: Weihe ihn in deine Pläne ein. Besichtige die Immobilie mit ihm und lass dich auf die technischen Mankos hinweisen.

Weshalb du lieber »wer?« statt »wie?« fragst

Ich liebe es, zu netzwerken, aber mich nervt dieses Wort: »netzwerken«. Es versetzt mich gedanklich in ein unbehagliches

Verkaufsgespräch. Vor meinem geistigen Auge tauschen zwei Boomer ihre Visitenkarten aus, anschließend geben sie sich einen kräftigen Händedruck und hoffen auf gute Geschäfte. An Förmlichkeit kaum zu überbieten. Bitte verstehe mich richtig: Ich begrüße den Austausch von Visitenkarten, doch kommen mir viele »Netzwerker« dabei unaufrichtig vor. Sie sind nur auf ihren eigenen Vorteil bedacht, interessieren sich null für ihr Gegenüber und bleiben zwischenmenschlich seichter als ein Küstengewässer. »Hier meine Visitenkarte. Rufen Sie an, wenn Sie sich unterversichert fühlen.« – »Mache ich. Und hier meine Visitenkarte. Melden Sie sich, wenn Sie eine Immobilie in Stuttgart zu verkaufen haben.« – »Mache ich.« Was wird geschehen? Die beiden gehen auseinander und werden sich eben nicht beim anderen melden. Weil es der Begegnung an Tiefe mangelte, weil sie unpersönlich blieb, weil keine Beziehungsebene entstand. Und deshalb meide ich den Begriff »netzwerken«, stattdessen spreche ich lieber von »Beziehungsaufbau«.

Beziehungen bauen wir auf, indem wir den Menschen, mit dem wir Geschäfte machen wollen, zunächst besser kennenlernen. Eine starre Agenda scheint dafür ungeeignet, denn Agenden abzuarbeiten, führt selten zu Wertschätzung. Wenn eine Versicherungsverkäuferin auf einem Event mit den Worten »Hey, hast du eigentlich schon eine passende Haftpflichtversicherung?« einen Kaltakquise-Köder auswirft, dürfte sie damit wenig Erfolg haben. Viel zu plump ist der Versuch. Wie der eines Betrunkenen, die Kellnerin anzugraben. Größere Chancen hätte die Versicherungsverkäuferin, wenn sie wüsste, dass ihr Gegenüber ein übertriebener Bayern-München-Fan ist. Sich über den Verein zu unterhalten anstatt über Haftpflichtversicherungen, mag ihr unsinnig erscheinen, doch dieses indirekte Vorgehen verspricht eher Erfolg, vorausgesetzt natürlich, sie muss sich nicht verstellen. Wenn sie als absolutes

Fußball-Greenhorn dämliche Fragen stellt, geht die Nummer verständlicherweise nach hinten los. Aber bestimmt gibt es einen anderen Punkt, wo sie ansetzen kann, Hauptsache, sie findet Zugang zur persönlichen Ebene. Denn Persönliches schafft Verbindungen, Verbindungen führen zu Vertrauen und Vertrauen bildet die Basis einer Geschäftsbeziehung. Wobei ich gar nicht groß zwischen Freunden und Geschäftskontakten differenziere, ja, ich plädiere sogar dafür, dies zu vermeiden. Jeder Geschäftskontakt ist ein potenzieller Freund, ein Mensch mit Vorlieben, mit einer Geschichte. Wenn wir mit dieser Brille durch die Welt gehen, fliegen uns die Sachen plötzlich zu. Dann sprechen wir nicht länger über die Kunst, zu netzwerken, sondern über die Kunst, beliebt zu sein.

Zu dieser Kapitelüberschrift hat mich übrigens ein Buchtitel inspiriert: *Frag nicht wie – frag wer!* Die Autoren Dan Sullivan und Benjamin Hardy sind der Ansicht, es sei wesentlich klüger, jemanden zu suchen, der es kann, als auf eigene Faust herauszufinden, wie es funktioniert. Ein Beispiel: Wie würdest du einen Instagram-Account mit 100 000 Followern aufbauen? Würdest du dir ein Thema suchen und drauflos posten? Oder würdest du die drei, vier, fünf Player in deiner Nische ausfindig machen, ihr Posting-Verhalten analysieren und sie bestenfalls sogar kontaktieren, ob sie dir einen Rat geben könnten? Die Fragen sind rhetorischer Natur und suggerieren bereits meine Sichtweise: Du kommst schneller voran, sofern du zu deinem Umfeld Menschen zählst, die ihr Wissen mit dir teilen und die ähnliche Ansichten vertreten wie du. Dieser Weg ist effektiver als der Alleingang und das gilt für jeden Bereich, auch für das Investieren in Immobilien. Schon oft wurde ich gefragt, worauf es beim Beziehungsaufbau ankommt – die häufigsten Fragen stelle ich dir im Folgenden vor.

An welchen Orten knüpfe ich am besten Kontakte?

Es gibt nicht *den* einen Ort, um Leute aus deiner Branche kennenzulernen, denn grundsätzlich kannst du sie überall antreffen. Am höchsten ist die Wahrscheinlichkeit auf Veranstaltungen, die entweder direkt oder indirekt mit Immobilien zu tun haben, allen voran Immobilien- oder Maklerkongresse, Events von Banken oder Bauträgern, außerdem Foren von Hausverwaltungen oder Handwerkern. Gerade zu Anfang würde ich möglichst viele dieser Veranstaltungen mitnehmen, da du nie genau weißt, wo sich dein Weg mit dem einer spannenden Person kreuzt. Natürlich wird das automatisch dazu führen, dass du Veranstaltungen besuchst, die dir eigentlich nichts bringen oder wo du dich fehl am Platz fühlst. Dieses Gefühl hatte ich erst neulich wieder, als ich zu einem Event einer Privatbank eingeladen war. Dem gehobenen Ambiente sowie dem noch gehobeneren Altersdurchschnitt angemessen, durften wir klassischer Musik lauschen. Zwei Stunden lang! Geredet wurde wenig, deswegen saß ich mit meiner Freundin nur blöde rum und ich muss gestehen, ich habe zwischendurch kurz überlegt, ob ich mir aus Langeweile den Fuß breche. Die Musik war nicht schlecht, objektiv betrachtet sogar echt gut, aber mich ungebildeten Narren hat die Nummer gelangweilt. Asche auf mein Haupt!

Abgesehen von solchen Events bieten sich auch Seminare oder Workshops an. Fall nicht auf deine innere Stimme herein, die dir ab einem bestimmten Punkt weismachen will: »Ich lerne da eh nichts Neues mehr! Was kann ich da schon mitnehmen?« Das ist nicht nur Quatsch, sondern auch zu einseitig gedacht, da du dort primär der Menschen wegen hingehst. Ich mache das seit zehn Jahren. Das Ergebnis: Ich erhalte unzählige Anfragen, deren Ursprung fast ausschließlich in meinen

Beziehungen liegt. Am besten nimmst du allein an Seminaren teil, dadurch erhöht sich deine Bereitschaft, mit einer fremden Person in Kontakt zu treten. Falls du deinen Kumpel oder eine Freundin mitnimmst, bleibt ihr mit hoher Wahrscheinlichkeit unter euch. Man kennt das doch: Jemanden Unbekanntes anzusprechen, kostet Überwindung, zudem könnte man sich ja vor seinem Kumpel blamieren, oder? Da lässt man es lieber gleich bleiben und bleibt unter sich. Allein auf einem Seminar sucht man indessen nach Gleichgesinnten, noch dazu wird man eher angesprochen, zum Beispiel von Personen, die ebenfalls ohne Begleitung angereist sind. Im Übrigen ist der ultimative Hack für Introvertierte ein *Personal Branding,* und zwar weil ab einer gewissen Bekanntheit die Leute plötzlich auf sie zukommen.

Neben Events und Seminaren empfehlen sich auch Sportclubs (Golf, Tennis oder Ähnliches), die ebenfalls ein effektiver Nährboden für Geschäftsbeziehungen sein können. Überhaupt halte ich im Alltag stets Ausschau nach spannenden Leuten. Gelegentlich spreche ich Leute mit Sportwagen an. Wozu? Erstens, weil ich mich für Sportwagen interessiere, und zweitens, weil Leute dieses Schlages gern bestätigt werden. Sie begrüßen es, angesprochen zu werden, außerdem besitzen Leute mit sportlichen Vehikeln nicht selten einen beachtlichen Immobilienbestand.

Sobald du ein fortgeschrittenes Stadium erreicht hast, solltest du ernsthaft erwägen, dein eigenes Event auszutragen. Im Sommer 2024 veranstalte ich in Stuttgart zum ersten Mal die »Cashflow Conference«. Geballtes Finanzwissen von über 90 Speakern trifft auf mehrere Tausend Teilnehmer, die sich nach finanzieller Unabhängigkeit sehnen.

Bereitest du Fragen vor, wenn du ein Event besuchst?

Was die Vorbereitung betrifft, vertrete ich eine klare Meinung: Es ist besser, gut interpretieren zu können, als vorbereitet sein zu müssen. Bei mir ist alles Freestyle, wie bei den Bomfunk MC's. Wenn mir mal die passenden Worte fehlen, erzähle ich entweder irgendeinen Bullshit, um die Situation aufzulockern, oder ich sage halt nichts. Schweigen wird unterschätzt, weil mein Gegenüber dadurch das instinktive Bedürfnis verspürt, die Stille zu füllen. Damit will ich dir nicht raten, unvorbereitet auf Menschen zuzugehen oder sinnfreien Stuss von dir zu geben. Freestylen erfordert Flexibilität und Spontanität, dabei verspüren viele Unbehagen. Sagen will ich vielmehr, dass dich vorgefertigte, randomisierte Fragen schnell roboterhaft daherkommen lassen:

»Hallo, wie hast du gegründet?«

»Hi, seit wann bis du Unternehmerin?«

»Na, was sind deine Ziele für dieses Jahr?«

Das klingt doch unnatürlich! Kein lockerer Mensch würde auf diese Weise ein Gespräch aufbauen. Was die Alternative ist? Vielleicht so etwas Verrücktes wie: »Hi, cooles Event, oder? Ich bin übrigens Tobi.« Von mir aus auch: »Hi, ziemlich lahmes Event, oder? Ich bin eben kurz eingenickt.« Stimmt, dieser Einstieg ist oberflächlich, aber so beginnen nun mal viele Gespräche. Schließlich muss es einen Grund dafür geben, dass das Wetter noch immer eines der beliebtesten Smalltalk-Themen ist: Dazu hat halt jeder seine Meinung! Besonders zu Anfang vermeide ich es, über das Geschäft zu sprechen, stattdessen versuche ich, das Gespräch auf die persönliche Ebene zu verlagern. Ich möchte mein Gegenüber kennenlernen. Die meisten Menschen beißen nicht und unterhalten sich gern mit dir, auch wenn die erste Frage keinen Preis für Tiefgründigkeit gewinnt.

Okay, es gibt Ausnahmen. Einmal habe ich den Gründer einer dem Untergang geweihten deutschen Social-Media-Plattform getroffen. Ich wollte ihn kennenlernen, doch er hat mich eiskalt ignoriert. Letztlich war es gut so, denn sein blasiertes Verhalten nahm mir die Lust an einem Kennenlernen. Weißt du, was ich daraufhin gemacht habe? Meinen Xing-Account gelöscht. Wurde eh Zeit.

Zu seiner Verteidigung will ich noch anbringen: Eventuell sind ihm zuvor schon Dutzende Leute auf die Pelle gerückt und haben ihn mit Fragen gelöchert, woraufhin er für mich keinen Nerv mehr hatte. Wenn du jemand Prominentes triffst, empfiehlt es sich, zielgerichtete, spezifische Fragen zu stellen. Angenommen, du wolltest von Joe Biden wissen: »Sag mal, Joe, wie wurdest du Präsident?«, wäre das vermutlich zu weit hergeholt. Wie sollte er darauf in Kürze antworten? Cleverer scheint da eine Erkundigung, was er jemandem raten würde, der vorhätte, eine höhere politische Laufbahn einzuschlagen. »Wichtige« Menschen haben in aller Regel wenig Zeit, deswegen tust du gut daran, präzise Fragen zu stellen, die sich binnen 60 Sekunden beantworten lassen. Als Content Creator bringt die Kürze sogar einen immensen Vorteil mit sich: Du kannst aus dem Video ein Reel erstellen! Ach, habe ich erwähnt, dass du besonders leicht in Gespräche kommst, wenn du einen Kameramann im Schlepptau hast? Dadurch wirst *du* zum Prominenten, und zwar im ureigentlichen Wortsinn – das lateinische *»prominentia«* bedeutet nämlich »das Hervorragende« und mit einer auf dich gerichteten Kamera ragst du garantiert hervor.

Auf kleineren Veranstaltungen, sagen wir mit 30 Leuten oder weniger, würde ich die Kennenlernstrategie anpassen. Bei der geringen Teilnehmerzahl würdest du dort bestimmt nicht aufkreuzen, sofern du nicht mindestens eine Handvoll davon spannend fändest. In diesem Fall ist es tatsächlich sinnvoll, ein bisschen Zeit in die Vorbereitung zu investieren und die Lebensläufe der Teilnehmer zu studieren. Job, Hobbys, Interessen, Haustiere. Folgende Begrüßung wäre doch ein Knaller: »Hey, du bist doch der, dessen Schäferhund Peter heißt, oder?« Unter Stalking fällt das nicht, falls du diese Info einem LinkedIn-Beitrag entnommen, wohl aber, falls du seinen Rüden im Park observiert hast. Und natürlich setzt diese Strategie ein gewisses Humorlevel sowie ehrliches Interesse voraus. Jucken dich Mensch und Hund eigentlich gar nicht, wird Peters Herrchen verständlicherweise misstrauisch: »Wieso fragt mich der Spinner nach meinem Hund?« Lass uns diese Grenzüberschreitung zum Stichwort nehmen.

Was sind No-Gos beim Netzwerken (außer dem Wort selbst)?

Jemanden anzufassen, zum Beispiel. Obwohl es kein generelles No-Go ist. Ein wohlmeinender Klaps auf den Oberarm, ein Tätscheln des Rückens – das kann wirkungsvoll sein. Auf Nummer sicher gehst du aber, wenn du es unterlässt, solange du nicht einschätzen kannst, wie die Person darauf reagiert. Gefährlich sind insbesondere geschlechterübergreifende Berührungen, hierfür wird einem schnell das Attribut »pervers« zugeschrieben. Wenngleich Männer hierauf im Schnitt weniger kritisch reagieren dürften als Frauen; das unterstelle ich einfach mal anhand meiner Beobachtungen. Heterosexuelle Männer neigen eher dazu, sich bestätigt als belästigt zu fühlen, wenn sie von einer fremden Frau angesprochen oder berührt werden. »Ich wusste es, sie steht auf mich!«, ist die typisch männliche Gedankenreaktion. Darum haben es Frauen insgesamt etwas schwerer, in die Offensive zu gehen, weil man(n) sie fachlich nicht immer ernst nimmt.

Ein weiteres No-Go ist das fehlende Gespür für die Gruppendynamik. Ich erinnere mich an eine Situation auf einem Immobilienfestival, die man in der Jugendsprache gut und gerne als »cringe« bezeichnen würde. Wir standen zu dritt beisammen und einer in der Runde berichtete von seinem Start-up, das er vor Kurzem für sage und schreibe 70 Millionen Euro verkauft hatte. Damit genoss er unsere Aufmerksamkeit. Als wir uns gerade so richtig warmgeplaudert hatten, gesellte sich ein Vierter dazu und rief: »Hey, ich bin der Johann!« Wir erwiderten den Gruß nickend, sprachen aber weiter über den Start-up-Exit. Fünf Minuten später stand er noch immer neben uns wie eine Salzstange und versuchte uns zu einem Themawechsel zu bewegen: »Und, woher kommt ihr?« Niemand, wirklich niemand hatte Lust, Johann* darauf zu antworten. Wir alle empfanden seine Anwesenheit als unangenehm. Ich meine, es hätte ja funktionieren können, wenn er erst mal zugehört und sich irgendwann ins Gespräch eingebracht hätte, aber auf diese Weise glich er einem Fremdkörper. Sich einfach so in eine Gruppe zu stellen, ist ohnehin schwierig; vergleichbar mit jemandem, der zu spät und nüchtern zum Vortrinken erscheint, wenn alle anderen schon angeheitert sind. An Johanns Stelle wäre ich auf eine Person zugegangen, die ebenfalls allein auf dem Festival war: »Grüß dich, ich habe keine Lust, hier blöd alleine rumzustehen. Darf ich mich zu dir gesellen?« Das könnte Erfolg versprechen.

Garantiert keinen Erfolg versprechen hingegen generische Fragen wie »Wie wird man erfolgreich?«, »Wie werde ich Millionär?« oder »Welche Supplements nimmst du täglich?«, weil sie auf der Beliebtheitsskala ebenfalls weit unten rangieren. Was in der Kommentarspalte bei Instagram schon nervig ist,

---

* Er hieß eigentlich anders. Du weißt schon, Datenschutz.

funktioniert auf Netzwerk-Events noch weniger. Ähnlich wie die Frage an Joe Biden, wie er Präsident geworden sei, ist hierauf eine kurze Antwort undenkbar. Zudem existieren mindestens tausend Wege, um Millionär oder erfolgreich zu werden, nicht einen davon wird der Befragte erläutern, sondern sich genervt umdrehen. In diesem Fall zu Recht!

Was ist wichtiger: Qualität oder Quantität?

Solange du kaum jemanden in meiner Branche kennst, würde ich volle Lotte geben und jede Woche auf drei Events gehen. Dadurch lernst du haufenweise neue Menschen kennen und kommst exponentiell schneller voran. Irgendwann erreichst du einen Punkt, an dem es lohnt, mehr zu selektieren. Der ist spätestens dann erreicht, wenn du die Übersicht verlierst. Außerdem suchst du ja nach Gleichgesinnten und bei der anfänglichen Vielzahl von Kontakten werden leider auch einige Glücksritter und Ballonbeschwerer dabei sein, die dich am Aufstieg hindern. Es gilt das alte Prinzip: *Du bist der Durchschnitt der fünf Menschen, mit denen du dich am häufigsten umgibst.* Dagegen kann sich niemand wehren, die Anpassung läuft unterbewusst ab. Automatisch wirst du Gewohnheiten dieses engen Kreises übernehmen, wähle daher mit Bedacht, mit wem du wie viel Zeit verbringst. Gleichzeitig gilt der Grundsatz: *Wenn du der Klügste im Raum bist, bist du im falschen Raum.* Wobei »klug« weniger auf die kognitiven Fähigkeiten anspielt als mehr auf die Lebenserfahrung, die dir manche Menschen voraushaben, sei es im Bereich Immobilien, Mindset oder Finanzwissen. In meinem Umfeld befinden sich einige Immobilieninvestoren, die sowohl eine Quelle für Immobilien als auch für Problemlösungen sind. Ich stelle mich gut mit ihnen, wodurch die Wahrscheinlichkeit steigt, dass sie mir Handwerker,

Mieter, Sachverständige oder Makler vermitteln. Doch es müssen nicht zwangsläufig Immobilieninvestoren sein. Du kannst von Personen praktisch jeden Bereichs profitieren, insbesondere auf mentaler Ebene. Nutzen wir das als Übergang, um über die Wichtigkeit von Mentoren zu sprechen.

Wozu brauche ich einen Mentor und wie finde ich ihn?

Ein Mentor muss sich mit dir identifizieren, andernfalls wird es ihm schwerfallen, dir zu helfen. Das ist das Allerwichtigste. Ferner muss die Chemie stimmen. Sollte sie nicht stimmen, wirst du dich ihm gegenüber nicht ausreichend öffnen und der Austausch bleibt oberflächlich. Ich weiß nicht, wie es dir geht, aber in meiner Vorstellung ist ein Mentor älter als sein Mentee. Allein schon der Lebenserfahrung wegen, die unbezahlbar ist. In der Regel hat sich jemand, der den Status Mentor wirklich verdient, 10 000 Stunden seiner Profession hingegeben, während du mit Glück auf die Hälfte kommst. Dadurch verhilft er dir zu einer Abkürzung, und zwar, weil deine Lernphase ohne fremde Hilfe bedeutend länger wäre. Dafür wirst du ihn in aller Regel bezahlen, nein, nicht allein mit Wissbegierde und guter Laune, sondern klassisch monetär. Naheliegend, dass die Ausgabe nur Sinn ergibt, wenn der Zeitvorteil mehr wert ist, als dich der Mentor kostet. Das ist das Grundprinzip Mentor – Mentee.

Die größte Chance, einen Mentor ausfindig zu machen, hast du, indem du indirekt vorgehst und auf die Hilfe eines Dritten, also eines Vermittlers baust. Willst du dich Person X nähern, ist der logische Schritt zunächst in Richtung Person Y, die dich Person X vorstellt. Warum? Stell dir das anhand eines Verkäufers vor. Es macht einen himmelweiten Unterschied, ob der Verkäufer seine Dienstleistung einem potenziellen Kunden ohne Umschweife anbietet oder ob er zuvor empfohlen wurde.

Im letzteren Fall wird der Wert des Verkäufers (und der seiner Dienstleistung) sofort als wesentlich höher wahrgenommen, denn er genießt dank des Intros einen Vertrauensvorschuss. In diesem Beispiel bist du der Verkäufer und dein Mentor der Kunde. Gar nicht so abwegig, schließlich musst du ihm verkaufen, warum du derjenige bist, der ein Mentoring wert ist; und diesen Job übernimmt quasi Person Y für dich. Das macht den ersten Austausch gleich viel angenehmer. Überhaupt ist an manche Personen ohne die Vorstellung eines Dritten kein Herankommen, weil um sie herum mehr Traffic ist als am Times Square. Vielleicht wärst du ein guter Match für sie, in verschiedenerlei Hinsicht, aber du wirst nicht zum Zug kommen, weil du im Spam-Ordner landest.

Derzeit habe ich drei Mentoren für drei unterschiedliche Bereiche: Business, Psychologie, Sport. Von meinem Verhältnis zu ihnen berichte ich dir gern; zwei von ihnen nenne ich bei ihrem richtigen Namen, meinem dritten Mentor schenke ich ein Pseudonym. Wirst du es erkennen?

Lothar Lederer ist ehemaliger Triathlet und mehrfacher Ironman-Sieger. Da ich mich gerade wieder auf einen Ironman vorbereite, schien mir Lothar der beste Match zu sein. Er hat Zugriff auf sämtliche Daten meiner Garmin Smartwatch, weshalb er weiß, wie erholsam ich schlafe, was ich esse, wie meine Fettverbrennung ist, welchen Ruhepuls ich habe und wie oft ich trainiere. Daraus macht er sich einen Reim und merkt beispielsweise an: »Tobi, du schläfst zu wenig! Trainiere nächste Woche lieber weniger, sonst erreichst du den bei Sportlern so unbeliebten Zustand des *Übertrainings*.« Oder er erkennt, dass ich zu wenig wiege, dann folgt die Warnung: »Iss mehr, mein Freund, sonst büßt du an Ausdauer ein!« Etwa auf diese Weise läuft unsere Zusammenarbeit ab. Bisher haben Lothar und ich uns lediglich zweimal live gesehen, um

Trainingspläne aufzustellen. Mehr »Nähe« bedarf diese Zusammenarbeit nicht.

Klaus Haasis sehe ich indessen deutlich öfter, wenn auch hauptsächlich digital. Unsere Beziehung ist während Corona entstanden und ich bin mit dem Glaubenssatz in unser erstes Gespräch gegangen: Remote-Coachings haben keinen emotionalen Effekt, wir müssen uns gegenübersitzen! Bereits in der ersten Session brachte Klaus mich zum Weinen, oder besser gesagt, ich mich selbst, so viel zum Grundsatz, Remote-Coachings hätten keinen emotionalen Effekt. Seit über zwei Jahren coacht mich Klaus schon. Irgendwann fragte er mich: »Du, Tobi, willst du mich in meinem Winterdomizil in Flims Laax zum Skifahren besuchen?« Seitdem sind wir Homies und investieren sogar zusammen. Mittlerweile buche ich Klaus nur noch bei Bedarf. Die Session läuft zwar immer digital ab, aber die MacBook-Kamera verrät ihm genug über meine Mimik und Körpersprache, sodass er darauf reagieren kann.

Psycho Pietro ist im Vergleich zu den beiden anderen der konventionellste Mentor, wenn du so willst. Pietro ist Psychologe und üblicherweise stellen Psychologen weder Behauptungen auf noch urteilen sie. Doch ich habe mit ihm eine Sondervereinbarung getroffen: Pietro soll mich in unangenehme Situationen bringen, ja mich direkt konfrontieren, sofern ihm etwas Bedrohliches auffällt. »Mensch, Tobi, du bist doch bescheuert! Warum machst du das so? Ändere das umgehend, sonst zerstörst du dein Leben!« Tja, was soll ich sagen: Wir harmonieren hervorragend, anscheinend brauche ich die direkte Kommunikation.

So viel zu meinen Mentoren und dazu, wie sie mein Leben bereichern. Damit auch du die geeignete Person für dich findest, möchte ich dir noch drei Tipps mit auf den Weg geben.

Erstens: Dein Business-Mentor ist idealerweise branchennah angesiedelt. Als Immobilieninvestor einen Theoretischen

Physiker zum Mentor zu haben, könnte klappen, wenn er privat in Immobilien investiert. Doch liegt die Wahrscheinlichkeit dafür nicht sonderlich hoch, will ich meinen.

Zweitens: Eigne dir erst Grundwissen an, bevor du dich auf die Suche nach einem Mentor begibst. Ein guter Autor kann einen Mentor für den Anfang ersetzen. »Wie gründe ich eine GmbH?«, »Welche Finanzierungsarten gibt es?« oder »Was ist eine Annuität?« sind Fragen, mit denen du einen Mentor besser verschonst, weil du die Antworten nachlesen kannst. Der Mentor bekäme den Eindruck, du seist zu faul zum Lesen oder Googeln, und dann bist du seine Zeit schlichtweg nicht wert. Bestimmt lassen sich 70 Prozent aller Probleme von Selbstständigen und Unternehmern mithilfe unserer Lieblingssuchmaschine lösen.

Drittens: Es muss ja nicht gleich eine langfristige Beziehung zu einem Mentor sein, manchmal genügt der Rat eines erfolgreichen Immobilieninvestors, der für diesen Moment gewissermaßen die Rolle des Mentors einnimmt. Die größte Immobilieninvestorin, die ich persönlich kenne, ist eine deutsche Milliardärin. Kennengelernt habe ich sie in einem Unternehmerverein, in dem wir beide Mitglied sind. Darüber hinaus stehe ich im Austausch mit etlichen Investoren, einer davon hat einen Immobilienbestand im Wert von 250 Millionen Euro. Mir geht es hier nicht darum, dich mit Summen zu beeindrucken, vielmehr darum, dass ich von der Erfahrung dieser Menschen maximal profitiere. Das liegt in der Natur der Sache: Die, die sich größer aufstellen, verfügen über einen größeren Erfahrungsschatz. Ein Beispiel: Wir haben lange gekämpft, um eine Finanzierung für einen Deal zu erhalten. 74 Wohnungen zu einem Kaufpreis von 10 Millionen Euro. Mit 17 Banken haben wir gesprochen, bis endlich eine bereit war, das Projekt zu finanzieren. Das war keineswegs Zufall, sondern basierte auf einer

Änderung der Strategie, die ich einem befreundeten Immobilieninvestor zu verdanken habe. »Du, Tobi, eine Finanzierung für ein Aufteilungsprojekt dieser Größenordnung finanzieren Banken aktuell nicht variabel. Per se! Aber ich kenne da einen Trick.« – »Ich bin ganz Ohr!« – »Du sagst der Bank, du kaufst das Objekt für den Bestand, entwickelst es weiter und wirst es irgendwann wieder verkaufen. Aber für den Fall, dass die Zinsen vorher unerwartet fallen, würdest du gern eine Exit-Fee von 1 Prozent des Kaufpreises vereinbaren, um dir die Option zu wahren, früher aus der Finanzierung zu kommen.« Gesagt, getan. Ein paar Wochen später stand die Finanzierung.

Wie festigt man effektiv Bekanntschaften?

Kennst du diese Menschen, die sich immer nur bei dir melden, wenn sie etwas von dir wollen? Denen hilfst du mit Freude, oder? Nee, eben nicht, denn sie nerven! Gesunde Beziehungen beruhen auf Gegenseitigkeit. Kurzzeitig darf sich das Gewicht mal mehr, mal weniger in eine Richtung verlagern, aber langfristig sollte es im Mittelpunkt liegen. Weil die Beziehungspflege zeitintensiv ist, scheint vorab eine Auswahl dahingehend sinnvoll, welche Beziehungen sich am ehesten für dich lohnen; und logischerweise auch für die andere Seite. Für mich (und vermutlich auch für dich) sind Banker enorm wichtig. Sie entscheiden letztlich darüber, ob ich ein Projekt umsetzen kann, denn ohne Fremdkapital haben es Immobilieninvestoren nicht nur schwer, es schlägt auch auf die Eigenkapitalrendite, wie wir wissen. Also stelle ich mich gut mit verschiedenen Bankern. Ich lade sie von Zeit zu Zeit zum Essen ein und sende ihnen Weihnachtskarten im Januar. Ja, ich weiß, Weihnachten ist im Dezember, aber da erhalten sie schon zig Grußkarten. Wie soll ich da bitte auffallen? Deshalb ergibt ein »Frohe Weihnachten«

im Januar für mich mehr Sinn. Der ganze Weihnachtstrubel ist vorüber und der Banker steht einem Treffen aufgeschlossen gegenüber, um über die nächste Finanzierung zu sprechen. In dem Stil schaffe ich mehrere Touchpoints im Jahr und stärke die Beziehung. Ich versuche stets, antizyklisch vorzugehen, und meide die klassischen Feiertage. Womit ich dir nicht davon abraten möchte, deinem Kontakt zum Geburtstag zu gratulieren, ich will dich lediglich vor Standard-Aktionen warnen. Vor einer LinkedIn-Nachricht zu seinem Ehrentag, zum Beispiel. Davon erhält er Dutzende, vergiss es, deine Nachricht wird untergehen. Was aber, wenn du ihn stattdessen ein paar Wochen später anrufst? Glaub mir, er wird nicht enttäuscht sein, sondern froh, dass du an ihn gedacht hast. Und weil er nicht mehr mit Geburtstagsgrüßen rechnet, bleibst du ihm eher im Gedächtnis. Falls du doch lieber klassisch gratulieren willst, sende ihm doch eine edle Flasche Rotwein. Damit hebst du dich ebenfalls von deiner Konkurrenz ab, aber Vorsicht: Compliance.

Funktioniert der Beziehungsaufbau auch über Social Media?

Standard ist tödlich, das gilt für Social Media umso mehr. Es ist schon schwierig genug, Beziehungen via Social Media zu halten, aber sie aufzubauen, ist weit schwieriger. In deinem LinkedIn-Postfach sind doch bestimmt auch schon Nachrichten eingegangen, bei denen du gedacht hast: »Wie affig ist das denn? Wir kennen uns keine fünf Sekunden und ich soll direkt ein kostspieliges Sales-Tool von dir kaufen?« Mein Kumpel Maurice hat in seinem Buch eine wichtige Botschaft an alle Verkäufer gesendet: »Starte nie mit einem Zungenkuss!« Die übergriffige LinkedIn-Nachricht steht sinnbildlich für das erste Date, und bei diesem lässt du deine Zunge schön in deinem

Mund, wenn du Stil hast. Alles andere wäre billig. Was jucken mich neue Sales-Tools, wenn ich noch gar nichts über den Verkäufer weiß, außer dass er seinen Job seit gerade einmal drei Monaten hat? Was nicht bedeuten soll, ich hätte etwas gegen Neulinge, vielmehr reagiere ich allergisch auf Standard-Nachrichten à la: »Hey! Stell dir vor, jeder dritte Lead wird zu deinem Kunden. Mit unserem neuen Sales-Tool gelingt das auch dir. Interesse geweckt?« Solche oberflächlichen Anfragen bekomme ich haufenweise. Sie werden nicht zum Erfolg führen, da sie plump sind, noch dazu mit einem vorgefertigten Text. Der junge Verkäufer käme sicherlich mit mir ins Gespräch, würde er sich mal fünf Minuten Zeit nehmen, durch mein Profil zu scrollen und zwei, drei meiner Beiträge zu lesen. Anlesen genügt eigentlich schon. Täte er das, könnte er mir ein paar zielgerichtete Fragen stellen, auf die ich antworten würde. Versprochen! Aber auf diese Weise spiele ich nicht mit. Man sagt ja, es brauche sieben Kontaktpunkte, bis wir uns bereit erklären, eine Kaufentscheidung zu treffen. Wir müssen uns erst einmal miteinander bekannt machen, sonst fehlt es an Vertrauen. Das braucht etwas Zeit. Ich will das Gefühl haben, dass mir nichts verkauft wird, während mir etwas verkauft wird. Dabei sollte mir der Verkäufer sein ernsthaftes Interesse signalisieren, meine Probleme lösen zu wollen. Vielleicht ist die Kundengewinnung derzeit ja gar nicht meine größte Sorge, sondern die, zuverlässige Handwerker zu finden? Die Frage »Warum sollte ich mich auf einen Fremden einlassen?« muss beantwortet sein, ehe ich bereit bin, das Gespräch fortzuführen.

Auf Veranstaltungen, wo mir eine Person live und in Farbe gegenübersteht, wo ich also ihre Körpersprache, Mimik und Gestik beobachten kann, lässt sich eine Verbindung – zumindest für mein Empfinden – wesentlich leichter aufbauen als über die vergleichsweise anonymen sozialen Medien. Obschon ich hier ebenfalls nicht gleich im ersten Gespräch einen Akquisetext oder einen Hilfeschrei hören möchte. »Weißt du, wie ich an eine lukrative Wohnung in Stuttgart herankomme?« Ja, weiß ich. Aber nach einem zweiminütigen Gespräch erscheint mir diese Frage doch etwas zu forsch.

Sollte ich mich online vermarkten?

Aufgrund meiner strengen Meinung über schwache Kaltakquise-Nachrichten könnte der Eindruck entstanden sein, ich würde mich generell gegen Social Media stellen. Ganz im Gegenteil! Nur weil sich live besser Beziehungen aufbauen lassen, würde ich niemals auf meine Onlinepräsenz verzichten; das beweist allein schon mein Instagram-Kanal *Immogame*, dem mittlerweile über 50 000 Wissbegierige folgen. 50 000, stell dir diese Zahl als Menschenmenge vor! Damit lässt sich ein ganzes Fußballstadion füllen, in dessen Mitte ich stehe und meinen Content in alle Richtungen verteile. Unglaublich. Daran wird deutlich, wo der immense Vorteil von Social Media liegt: Um derart viele Menschen zu erreichen, musst du eigentlich ein Weltklassemusiker, ein Filmstar oder eine Person des öffentlichen Lebens sein. Es liegt auf der Hand, dass mir diese Reichweite Möglichkeiten eröffnet, die mir ansonsten verborgen blieben. Zum Beispiel schreiben mir regelmäßig Immobilienverkäufer, aber genauso Kaufinteressenten. Und neulich wurde ich doch tatsächlich in den Bundestag eingeladen, da man erkannt habe, wie wertvoll Influencer im Bereich Immobilien sind. Ganz zu schweigen von dem breit gefächerten Wissen, das mir zuteilwird, weil ich mit sämtlichen Playern der Branche vernetzt bin – unter Immo-Influencern kennt man sich.

Ohne Personal Brand werden wir es in Zukunft immer schwerer haben, Geld zu verdienen. Es steht demnach überhaupt nicht zur Debatte, ob du eine Onlinepräsenz aufbauen solltest. Du musst. Betrachte deine Reichweite als passives Einkommen, das kontinuierlich steigt, mit jedem Kontakt, den du knüpfst, und jedem Follower, den du dazugewinnst. Welchen Kanal du bespielst, ist fast schon egal, viel wichtiger ist, dass du am besten noch heute damit anfängst. LinkedIn, Instagram, TikTok, YouTube, Facebook, Newsletter, Podcast – einer dieser Kanäle passt bestimmt zu dir, deswegen lasse ich ein »Aber ich bin nicht der Typ dafür!« nicht gelten. Für den Anfang konzentrierst du dich auf lediglich einen Kanal und schenkst den Leuten Mehrwert. Irgendetwas hast du sicherlich zu bieten, das deine Mitmenschen weiterbringt, wenn sie es hören, sehen oder lesen. Das konnte ich anfänglich selbst nicht so recht glauben.

Im Übrigen habe ich gar nicht auf Instagram das Laufen gelernt, sondern auf TikTok. Ich nahm mir damals eine Challenge vor: 30 Tage, 30 Videos. Inhaltlich entsprachen sie meinen heutigen Insta-Reels, also kurze, prägnante Videos, in denen ich mein Immobilienwissen teilte. Das Ergebnis waren 10 000 Abonnenten. Wow, mit dieser Resonanz hatte ich nicht gerechnet! Verständlicherweise veröffentliche ich weiter Videos auf TikTok, allerdings hatte ich keine große Lust, meine Aktivitäten auf andere Plattformen auszuweiten. Bis mich eines Tages ein großer Steuer-Influencer anschrieb: »Tobi, deine Reels sind cool und hilfreich. Komm rüber zu Instagram, hier ist die Reichweite mehr wert als auf TikTok.« Das war der Beginn einer bis heute andauernden Reise; einer Reise, auf der ich festgestellt habe, dass der Schlüssel zum Erfolg darin liegt, gehaltvollen Content zu liefern, dreimal täglich zu posten und wenig Werbung zu machen. Ja, Werbung ist auf Social Media ein wahrhaftiger Wachstumskiller. Vollkommen logisch: Wer erfreut sich schon an Werbung, außer an der eigenen? Wo wir nur können, skippen wir sie, bezahlen mitunter sogar dafür, gänzlich von ihr verschont zu bleiben (Netflix, Amazon Prime, YouTube Premium), oder wir verlassen während der Werbeunterbrechung den Raum, um uns schnell eine Cola zu holen. Warum sollten für dein Social-Media-Programm andere Gesetze gelten? Natürlich musst du nicht vollständig auf Eigenwerbung verzichten. Es tut deinem Erfolg keinen Abbruch, solange du sie in *geringen Dosen* verabreichst, indem du hin und wieder auf deine Maklerdienstleistung, deinen Onlinekurs, dein Immobilieninteresse oder Ähnliches hinweist. Glaub mir, halt dich an diese simplen Regeln, und du wirst sowohl auf Social Media vorankommen als auch Gefallen an deiner Darbietung finden. Du wärst nicht die erste Person, die zunächst Bedenken äußert, die dann aber plötzlich das Posting-Fieber packt.

Hast du auch konkrete Offline-Strategien auf Lager?

Doch verlassen wir die Nullen und Einsen und betreten wieder die reale Welt. Dein bestes Immogame spielst du, wenn du dich in beiden Welten zeigst und zurechtfindest: online wie offline. Zum Abschluss dieses Kapitels präsentiere ich dir drei Offline-Strategien, die relativ einfach umzusetzen sind, aber definitiv Ausdauer erfordern. Ich nenne sie »der Feinschmecker«, »der Local-Hero« und »der Stammtisch-Crasher«. Das Coole daran: Diese Typen schließen sich nicht gegenseitig aus, sie lassen sich miteinander kombinieren.

Der Feinschmecker

Such dir ein solides Restaurant in deinem Wunschviertel, das gut bewertet, jedoch nicht übertrieben extravagant ist. Eine Zuflucht für Unternehmer und Menschen mit Geld, die das Leben genießen, aber tendenziell unauffällig bleiben. Achtung, jetzt kommt die Aufgabe: Dieses Restaurant besuchst du einen Monat lang jeden Tag. Sitzt du noch, oder bist du vom Stuhl gefallen? Gut, dann erkläre ich dir auch gern, wieso ich dir etwas derart Untypisches empfehle. Wenn du einen Monat lang täglich ein Restaurant besuchst, wirst du zweifelsohne Blicke auf dich ziehen. Allein mit deiner Anwesenheit. Am siebten Tag wird dich vielleicht der Kellner neckisch begrüßen: »Ah, der Restaurantkritiker ist wieder da!« Du wirst mit ihm ins Gespräch kommen und ihm schildern, weshalb du dich dort so oft blicken lässt. Zum Teil liege es am grandiosen Essen und am Ambiente, sagst du, jedoch auch daran, dass du Menschen in diesem Viertel kennenlernen möchtest. Am liebsten aus der Immobilienbranche, denn du seist auf der Suche nach einer Wohnung, einem Mehrfamilienhaus oder einer Gewerbeimmobilie in der Nähe. Was auch immer dir beliebt. Nach 14 Tagen hast du zwar schon einige Euronen in dem Restaurant gelassen, gehörst dafür aber bald schon zum Inventar. Die Kellnerinnen und Kellner kennen und lieben dich, weil du nicht gerade geizig mit Trinkgeld warst. Sie wissen, was du tust und wonach du suchst, und halten für dich ihre Augen und Ohren offen. Nach drei Wochen kommt eine Kellnerin zu dir an den Tisch. Während sie deine Bestellung aufnimmt, flüstert sie: »Meine Nachbarin will ihre Wohnung verkaufen. Ich habe ihr von ihnen erzählt und mir ihre Nummer geben lassen. Wollen Sie sie mal anrufen?« Und ob du das willst! Am nächsten Tag kommt der Koch hervor und gesellt sich für einen Moment zu dir. »Immobilien also? Soso. Sehen Sie den Mann, der dort drüben in der Ecke sitzt? Ihm gehören mehrere Mehrfamilienhäuser in diesem Viertel. Woher ich das weiß? Er ist mein Vermieter! Möchten Sie, dass ich Sie bekannt mache?« Ob der Mann etwas zu verkaufen hat, spielt keine Rolle, ohne zu zögern willigst du ein. Es mag dir im ersten Moment eigenartig vorkommen, doch ich versichere dir, du wirst mit dieser Methode früher oder später Menschen aus der Immobilienbranche kennenlernen. Ja, die Ausgaben für diesen Restaurantmonat fallen ins Gewicht, aber betrachte sie als Investition. Außerdem musst du ja nicht an jedem Tag eine vollwertige Mahlzeit bestellen, vielleicht genügt auch mal eine Vorspeise, ein Dessert oder ein Glas Rotwein. Wohl bekomm's!

Der Local-Hero

Bei dieser Strategie gehst du großflächiger vor. Um zum Local-Hero aufzusteigen, wählst du ein Viertel aus, das du immobilienmäßig für aussichtsreich erachtest, und bespielst es mit Flyern, Visitenkarten, Gesuchen und Zeitungsannoncen. Fang am besten an einem hochfrequentierten Ort wie einer Bäckerei an. Kauf dir dort regelmäßig ein Schokocroissant oder eine Nussecke, sodass dich die Bäckersfrau irgendwann wiedererkennt, begrüßt und sich nach deinem Befinden erkundigt. Das war Schritt eins. Im nächsten Schritt erzählst du ihr von deinem Vorhaben, eine Immobilie in der Nähe zu erwerben. Ob du nicht einen Aushang machen dürfest: »Ich suche eine Wohnung zur Eigennutzung!« Erfahrungsgemäß stößt du damit bei der Bäckersfrau auf mehr Anklang, als wenn auf dem Zettel stünde: »Ich bin Investor und will das halbe Viertel kaufen!« Letzteres überzeugt eher weniger. Stimmt sie deinem Aushang zu, druckst du ein hässliches Template mit möglichst großer Schrift aus, denn deine Zielgruppe sind ältere Menschen und die schert es nicht, ob das Design von Canva ist. Ich gehe sogar so weit, zu behaupten, dass ein hübsches Design eher hinderlich ist. Perfekt ist der Abreißzettel, wenn sich ihm neben einer klaren Botschaft dein Name, deine Telefonnummer und ein Hauch Verzweiflung entnehmen lassen. Jetzt wartest du auf Anrufe, und die werden garantiert kommen, verlass dich drauf. Vielleicht ruft dich eine ältere Dame an, die einen Verkaufswunsch hegt, weil ihr die Wohnung mittlerweile zu viel Arbeit bereitet. Sie würde lieber in einer kleineren Wohnung zur Miete leben. Du vereinbarst einen Termin, stellst dich ihr vor, machst dir ein Bild vom Renovierungsstau und nennst ihr deine Preisvorstellung. Vor einigen Monaten hatte ich einen solchen Fall und da sich meine Preisvorstellung nahezu mit der der alten Dame deckte, konnten wir uns rasch einigen.

Dieses Vorgehen wiederholst du bei mehreren Bäckereien, und sobald du sie alle abgeklappert hast, schwenkst du zu den Metzgereien, Supermärkten, Reinigungen, Friseuren, Schustern oder Tankstellen. Erzähle vielen Menschen, was du tust, und irgendwann kommen sie automatisch auf dich zu. »Hey, mein Nachbar will sein Haus verkaufen. Du suchst doch nach Immobilien, oder?« Um sie zu motivieren, sich bei dir zu melden, bietest du ihnen eine Tippgeberprovision an. Meine Erkenntnis hierbei: Bevor du ein konkretes Angebot machst, musst du herausfinden, wie dein Gegenüber finanziell denkt. Häufig bewirken 500 Euro mehr als eine 1-prozentige Beteiligung an einem Haus für 500 000 Euro, wenngleich dies zehnmal so viel ist. Jedenfalls habe ich mit prozentualen Beteiligungen schlechtere Erfahrungen gemacht als mit kleinen absoluten Zahlen.

Ähnlichen Erfolg versprechen Annoncen in lokalen Zeitungen. Welche das sind, findest du schnell per Google heraus. Die Zeile »Suche Zwei-bis-drei-Zimmer-Wohnung von privat, 0152 xxxxxxxx« kostet dich vielleicht 50 Euro im Monat. Auf meine Zeitungsannoncen erhalte ich drei bis vier Anrufe pro Woche, insbesondere von älteren Eigentümern, die ihr Haus oder ihre Eigentumswohnung veräußern möchten. Manche Anrufer sind sogar selbst Investoren und verfügen über einen beachtlichen

Bestand von 100 Wohneinheiten und mehr. Warum sie verkaufen? Weil sie im Alter keine Lust mehr auf das Management haben und sich deswegen nach einem kleineren Bestand sehnen. Bei diesem Vorhaben bist du liebend gern behilflich, solange der Preis stimmt.

Der Stammtisch-Crasher

Finde einen lokalen Stammtisch in einer Stadt in deiner Nähe. Sofern erforderlich, melde dich über den Organisator an und nimm regelmäßig teil; meistens tagen die Stammtische monatlich. Iss dein Schnitzel oder deinen veganen Burger und tausche dich mit den anderen Investoren und Maklern über Immobilien aus. Bereits hier wirst du wertvolle Kontakte knüpfen, da gerade die Schwergewichte unterhaltsame Anekdoten über ihren Immobilienbestand auf Lager haben. Allerdings gehst du bitte nicht in der Erwartung zu deinem ersten Stammtisch, er sei eine Quelle für Off-market-Deals. Früher oder später ergibt sich bestimmt irgendetwas, aber wer direkt am ersten Abend hofft, ihm würde eine Wohnung unter Marktwert angeboten, wird unter Garantie bitter enttäuscht, denn in erster Linie dient das illustre Beisammensein dem Erfahrungsaustausch.

Nun zum eigentlichen Ziel: Werde zum Organisator deines eigenen Stammtisches! Falls in deiner Stadt bereits ein Stammtisch tagt, sollte sich dieser zeitlich nicht mit deinem überschneiden, denn du willst ihn ja weiterhin besuchen. Das Konzept deines Stammtisches gestaltest du etwas anders, zum Beispiel könntest du ihn alle 14 Tage statt monatlich stattfinden lassen. Oder du lädst regelmäßig Spezialisten ein, die Kurzvorträge halten. Hausverwalter, Makler, Handwerker, Architekten, Versicherer, Immo-Flipper, Banker – ihr Fachwissen ist Gold wert und wirkt anziehend auf andere Investoren in deiner Region. Aber weißt du, was das Beste an deinem eigenen Stammtisch ist? Du kehrst die Dynamik um! Die Leute werden dich fragen, ob sie Teil deines Stammtisches werden dürfen. Plötzlich bist du die »wichtige« Person, denn du bietest die Plattform und wirst zur menschlichen Schnittstelle. Und dieser Status verschafft dir alle Kontakte, die du brauchst; es könnte sogar passieren, dass andere Investoren und Geldgeber eine Partnerschaft mit dir anstreben, weil sie denken: »Schau mal, wie fleißig und engagiert [dein Name] ist. Mit so jemandem wollen wir zusammenarbeiten, das trägt bestimmt Früchte.« Unterschätze nie die Wirkung, die zentrale Figuren haben.

Die eigentliche Organisation hältst du so einfach wie möglich. Eine Messenger-Gruppe oder eine Landingpage mit Anmeldefunktion genügt völlig. Im Idealfall kombinierst du deinen Stammtisch mit einem Newsletter, den du monatlich versendest und in dem du über Aktuelles in der Immobilienbranche informierst und/oder Special Guests ankündigst.

Wenn du diese drei Strategien parallel umsetzt, wird sich deine Bekanntheit auf deinem Zielmarkt zwangsläufig erhöhen. Ich kann mir vorstellen, was du an manchen Stellen gedacht hast: »Ich soll 30 Tage lang in ein Restaurant gehen? Boah, voll teuer! Ich soll mit der Bäckersfrau über Immobilien quatschen? Bringt doch eh nichts! Ich soll allen Ernstes einen eigenen Stammtisch gründen? Mega-aufwendig! Was, wenn sich niemand anmeldet?« Lass dich von solchen Zweifeln nicht aus dem Konzept bringen, sie sind absolut normal. Doch während des Ausprobierens stellen wir oft fest, dass die meisten Zweifel Hirngespinste waren und uns die Welt deutlich wohlgesinnter ist, als wir zunächst angenommen hatten.

Impulse

- Finde fünf Events in deiner Nähe, die direkt oder indirekt mit Immobilien zu tun haben. Lass dich dort blicken.
- Wähle ein soziales Medium deiner Wahl aus und überlege dir, welchen Mehrwert du bieten kannst (dieser muss nicht unbedingt etwas mit Immobilien zu tun haben). Starte eine Challenge, zum Beispiel: zehn Tage, zehn Beiträge.

Wie du diese fiesen Glaubenssätze eliminierst

Es kursieren Dutzende Gerüchte über Immobilien. Mit den prominentesten von ihnen wollen wir aufräumen, da sie dich sonst mit hoher Wahrscheinlichkeit daran hindern, ein Vermögen mit Immobilien aufzubauen – und das wäre doch jammerschade, oder?

Immobilienschulden sind etwas Schlechtes

Ein Klassiker unter den Glaubenssätzen. Die gesellschaftliche Mehrheit setzt Schulden mit Gefahr gleich, was im Kern etwas Positives ist, da uns Konsumschulden tatsächlich in die Bredouille bringen können. Deswegen scheuen wir die hohe rote Zahl, die uns im Baufinanzierungskonto böse angrinst: »Ha, ob du mich je abbezahlen wirst?« Doch die rote Zahl ist weniger böse als ihr Ruf. Denn im Gegensatz zu Ausgaben für Möbel, Kleidung oder Urlaube – vor deren Finanzierung paradoxerweise nur die wenigsten zurückschrecken – steht den

Immobilienschulden ein solider Wert gegenüber: die Immobilie. Während ein Sofa bereits 50 Prozent seines Wertes eingebüßt hat, noch bevor wir das erste Mal unsere Hintern darauf geparkt haben, erhält eine Immobilie in zukunftsträchtiger Lage auf lange Sicht ihren Wert. Hinzu kommt, dass die Schulden niedriger sind als der Immobilienwert, zumindest nach einer Weile, weil du (bei einem Annuitätendarlehen) ja stetig tilgst. Und auch wenn die Preise temporär fallen, übersteigt der Wert in aller Regel deine Schulden, weil du 10 bis 20 Prozent Eigenkapital eingebracht und dich somit des größten Risikos bereits beim Kauf entledigt hast. Das gilt selbstverständlich nicht für eine 115-Prozent-Finanzierung, zu der ich dir, wie bereits erläutert, höchstens für deine erste Immobilie raten würde; ein hohes Einkommen vorausgesetzt.

Nur reiche Menschen kaufen Immobilien

Reiche Menschen kaufen Immobilien, ja, das kommt vor. Aber nicht alle reichen Immobilienkäufer sind von vornherein reich gewesen. Vielmehr haben ihnen die Immobilien zum Reichtum verholfen, da sie sich, dank regelmäßiger Mieteinnahmen, selbst abbezahlen. Die Frau eines Bekannten von mir ist Erzieherin. Als sich die beiden im Jahr 2017 entschlossen, ihre erste gemeinsame Investment-Wohnung zu kaufen, wunderten sich ihre Kolleginnen im Kindergarten: »Ihr habt euch eine Wohnung zur Vermietung gekauft? Wie könnt ihr euch das leisten? Habt ihr geerbt? Oder im Lotto gewonnen?« Die Wahrheit ist: Beide haben sparsam gelebt und jeden Monat einen Teil ihres Gehalts beiseitegelegt, bis sie schließlich 12 000 Euro angespart hatten, um damit eine Zweizimmerwohnung anzuzahlen. Heute ist die Wohnung das Doppelte wert. Kein Hexenwerk, das schafft nahezu jeder, der es wirklich ernst meint.

Mit Immobilien werde ich schnell reich

Neben denen, die meinen, Immobilien seien ein Privileg der Oberschicht, existieren diejenigen, die denken, sie könnten schon morgen Ferrari fahren. Das ist der reinste Irrsinn. Als Privatperson darfst du deine vermietete Immobilie nach zehn Jahren steuerfrei veräußern. Kann sich das finanziell lohnen? Durchaus. Vergehen zehn Jahre schnell? Eher nicht. Zum Reichtum gelangst du schrittweise, indem du Jahr für Jahr deinen Bestand erweiterst, einen Teil des Cashflows für die Aufwertung nutzt und immer mal wieder eine Immobilie verkaufst, um den Gewinn in ertragreichere Objekte zu reinvestieren. Das Immogame braucht Zeit, dafür erwirtschaften deine Immobilien irgendwann einen Cashflow, der deine Lebenshaltungskosten deckt. Mit welcher Lebenshaltung du als reich giltst, entscheidest du selbst, für mich zum Beispiel ist Freiheit der größte Luxus.

Immobilien bedeuten eine Heidenarbeit

Nein, für eine Kapitalanlageimmobilie gilt das nicht unbedingt. Diese wird vollumfänglich von einer Vertriebsgesellschaft gemanagt, was dich allerdings einen Kaufpreisaufschlag kostet. Beauftragst du obendrein einen Steuerberater, der Buchungen für dich ausführt und deine Steuerklärung anfertigt, bedeutet eine Immobilie überraschend wenig Arbeit.

Mieteinkünfte sind immer passives Einkommen

Dieser Glaubenssatz steht im starken Kontrast zum vorherigen. Besonders Anfänger träumen davon, mit Immobilien ein passives Einkommen zu erzielen, von dem sie dann Cocktail schlürfend an einem paradiesischen Strand zehren. Von der Realität ist dieses Traumbild insofern ein gutes Stück entfernt, als es einige Zeit braucht, um eine Organisation aufzubauen, die einen von jeglichem Arbeitsaufwand befreit. Nötig sind dafür eine Haus- sowie Mietverwaltung, verlässliche Handwerker und ein Steuerberater. Doch vollständig von der Arbeit befreien werden dich diese Instanzen nicht, allein schon, weil du sie kontrollieren solltest, immerhin betrifft es deine Finanzen. Außerdem kosten sie dich einen Teil deines Cashflows und deiner Rendite; sparsamer arbeitest du als aktiver Investor, wenn du selbst nach Mietern suchst, Übergaben durchführst und Reparaturen organisierst. Das heißt aber auch, dass vielleicht just in der Sekunde, in der du am Strand liegst, dein Mieter anruft, weil seine Heizung streikt.

Die Welt ist voller Mietpreller und Messies

Kannst du dir vorstellen, wie Räumlichkeiten aussehen, in denen jemand jahrelang ohne Strom und Warmwasser gehaust hat? Tja, ich durfte diesen glamourösen Zustand mit eigenen Augen bestaunen. Das Highlight der Wohnung war ihr »Spa-Bereich«, den der Mieter etwas hatte verkommen lassen, um es milde auszudrücken. Offenbar verdiente die Toilettenspülung in seiner Welt das Prädikat *»überflüssiger Komfort«*. Wegen akuten Platzmangels in der Keramik entschloss er sich eines Tages zur Zweckentfremdung der Dusche, wohl wissend, dass er fortan zum Duschen den Hauptbahnhof würde aufsuchen müssen. Monatelang. Mein erster Gedanke bei dem Anblick: »Was für ein abartiger Typ!« Mein zweiter: »Welcher Vermieter lässt so etwas zu?« Später stellte sich heraus, dass der Mieter vollkommen lost in seiner Welt war und dringend Hilfe benötigte. Wir halfen ihm dabei, seine Themen zu sortieren, und suchten ihm eine neue Bleibe. Seine alte glich einer Ruine, in der weder Strom noch Warmwasser floss, dafür aber zwei Fensterscheiben fehlten. Wir kauften die Wohnung trotzdem. 45 000 Euro waren nicht gerade ein Schnäppchen für 40 Quadratmeter »Wohnfläche«, die, um als solche zu gelten, lauter nach einer Kernsanierung schrien als ein bockiges Kind vor dem Süßigkeitenregal.

Worauf ich mit dieser Story hinauswill? Nicht alle Messies sind schlechte Menschen, die meisten von ihnen haben ernsthafte Probleme und sehnen sich nichts mehr herbei als deren Lösung. Natürlich gibt es auch mietprellende Arschlöcher, jedoch zähle ich in meiner bisherigen Immobiliengeschichte maximal drei oder vier. Sie loszuwerden, ist in Deutschland aufwendig, möglich ist es aber dennoch. Die Mietausfallrate tracken wir in unserer AG nicht einmal, uns genügt, zu wissen, wie hoch die Auslastung ist – 95 Prozent. Die 5 Prozent Leerstand kommen durch Mieterwechsel und Renovierungen zustande. Ab einer gewissen Größenordnung lässt sich Leerstand nicht vermeiden; eine Auslastung von 100 Prozent hat niemand, der Wohneinheiten im dreistelligen Bereich verwaltet.

Was mir gefällt, gefällt auch meinem Mieter

Unerfahrene Investoren kaufen häufig Wohnungen, die in erster Linie ihrem persönlichen Anspruch gerecht werden. Denn was sie toll finden, finden ihre Mieter erst recht toll. Stimmt's? Unter Umständen schon, doch wäre mir das Risiko zu hoch, dass der Plan nach hinten losgeht. Nicht selten ist die psychische Triebkraft dahinter Angst: »Falls ich keinen Mieter finde, ziehe ich halt selbst ein!« Auf die Art rechtfertigen sie ihren Kauf vor sich selbst und stellen sich einen Persilschein fürs Versagen aus. Sorry, das ergibt keinen Sinn. Als Investor kaufst du eine Wohnung, für die es einen Markt gibt; nichts weiter zählt. Sind in einer Lage Einzimmerwohnungen gefragt, zum Beispiel weil sich in der Gegend viele Studenten niederlassen, dann akzeptierst du diese Tatsache und siehst davon ab, eine Vierzimmerwohnung zu erwerben, in die du gern selbst einziehen würdest. Was soll der Quatsch? Falls du hingegen vorhast, die Vierzimmerwohnung in eine WG aufzuteilen, bist du auf der richtigen Fährte. Allerdings ist damit die Gefahr noch nicht gebannt, denn der Fehler pflanzt sich innerhalb der Wohnung fort. Emotionale Eigentümer investieren Unsummen in fantastische Böden, Bäder und Einbauküchen, nur damit sie ihrem Standard genügen. Doch ihre Mieter geben sich wahrscheinlich mit weniger zufrieden. Mich hat folgender Leitsatz geprägt: »Schöne Wohnungen sind zum Geldverdienen nicht prädestiniert.« Mein Investment-Kollege Gerald Hörhan würde mir hier sofort zustimmen, denn seine Devise lautet: »Investiere in kleine, hässliche Löcher!« Etwas krass formuliert, aber es trifft den Kern der Sache.

In Hochzinsphasen rechnen sich Immobilien nicht

Die Immobilienpreise und die Marktzinsen verbindet ein unsichtbares Band. Je niedriger das Zins-, desto höher das Preisniveau und umgekehrt. Zu dieser Abhängigkeit kommt es, weil die meisten Immobilien finanziert werden und die Zinsen einen erheblichen Anteil der monatlichen Belastung ausmachen. Sobald eine Hochzinsphase* eine Weile andauert, haben sich die Preise dem Zinsniveau angeglichen, sodass sich die

* Wobei das aktuelle Zinsniveau noch vergleichsweise niedrig ist, denn die Zinsen lagen auch schon bei 8 Prozent und höher. Es kommt uns nur so hoch vor, weil wir von der lang andauernden Niedrigzinsphase verwöhnt sind.

Immobilie wieder rechnet; zudem tilgt sich ein hoch verzinstes Darlehen schneller als ein niedrig verzinstes, wie bereits in einem vorherigen Kapitel erläutert. Hohe Zinsen sind daher nicht das eigentliche Problem. Kritisch ist der Übergang von einer Niedrig- in eine Hochzinsphase, wie wir ihn gerade im Jahr 2024 erfahren. Die Preise spiegeln teilweise noch das alte Zinsniveau wider, da der Immobilienmarkt träge ist und die Verkäufer nicht sofort begreifen, dass ihre Preisvorstellung utopisch ist. Das macht diese Phase für dich als Investor so gefährlich. Im schlimmsten Fall kaufst du wesentlich zu teuer ein, wählst eine niedrige oder gar keine Tilgung, um einen negativen Cashflow zu vermeiden, und hast schließlich bei Zinsbindungsende ein wahrhaftiges Problem mit der Refinanzierung. Bringst du jedoch gleich zu Anfang 10 oder 20 Prozent Eigenkapital ein, rechnet sich die Immobilie trotz Tilgungsrate von 1 bis 2 Prozent – die Zinsbelastung relativiert sich und bei der Refinanzierung droht kein böses Erwachen. Übrigens kannst du dich hervorragend gegen hohe Kaufpreise immunisieren, indem du stets die Rendite ermittelst und nicht vor einer Korrektur zurückscheust. Einen Preisnachlass von 30, 40 oder gar 50 Prozent zu fordern, mag dir dreist vorkommen, aber wenn der Verkäufer nun mal in Utopia lebt, bleibt dir nichts anderes übrig, als ihn zurück in die Wirklichkeit zu holen. Schließlich hast du dir die Verbindung zwischen Preis- und Zinsniveau nicht ausgedacht.

Wenn die Preise fallen, kaufe ich lieber nicht

Dieser Glaubenssatz weist eine große Ähnlichkeit mit dem vorherigen auf. Eine Immobilie nicht zu kaufen, nur weil die Preise fallen, entspricht in etwa der Denkweise, Aktien bei fallenden Kursen zu verkaufen. Es ist die Sorge, Geld zu verlieren, die uns zu irrationalen, panischen Handlungen wie diesen bewegt. Am besten befreien wir uns davon mit der Überlegung: Was wird langfristig passieren? Die Bevölkerungsprognose ist positiv und wenn mehr Menschen unser Land bewohnen wollen, werden auch mehr Wohnungen gebraucht. Zurzeit sieht es nicht so aus, dass sich der Immobilienmarkt entspannen wird, das heißt, selbst wenn die Preise kurzzeitig fallen, werden sie aller Voraussicht nach langfristig steigen. In unserer Gesellschaft fehlt es an makroökonomischem Wissen und in der Politik ein Schulterschluss, sonst gäbe es die Wohnraumknappheit gar nicht in diesem Ausmaß. Für uns Investoren lässt sich daraus eine simple Konklusion ableiten: Da bei fallenden Preisen kaum einer Immobilien kauft, kaufen wir sie eben und vermieten sie denen, die sich den Kauf nicht getraut haben. Zurzeit (2024) bieten sich enorme Chancen am Immobilienmarkt.

Die Bank lässt nicht mit sich verhandeln

Der Eindruck, die Bank lasse nicht mit sich verhandeln, ist möglicherweise entstanden, weil die meisten Menschen dabei als Erstes an den Zinssatz denken. Der ist tatsächlich recht schwierig zu verhandeln, zumindest korrigiert die Bank ihn nur äußerst ungern nach unten. Was der Grund dafür ist? Die Bank leiht sich das Geld, das sie dir verleiht, oftmals selbst und schlägt eine Marge auf. Das heißt im Umkehrschluss: Wenn sie den Zinssatz senkt, sinkt mit ihm ihre Marge. Und dieser Umstand motiviert nicht unbedingt zur Zusammenarbeit. Doch das muss ja nicht bedeuten, dass die Bank nicht auf anderer Ebene mit sich verhandeln lässt! Zum Beispiel könnte sie dir eine tilgungsfreie Zeit gewähren (wie das im Detail funktioniert, dazu kommen wir im Kapitel »Zehn (un)konventionelle Wege zum Eigenkapital«) und würde dadurch deine Liquidität schonen. Oder du könntest mit der Bank vereinbaren, dass du das Eigenkapital nicht wirklich zahlst, sondern es auf einem Konto hinterlegt und so lange blockiert wird, bis du den entsprechenden Gegenwert getilgt hast. Auch für feste Exit-Fees anstelle von Vorfälligkeitsentschädigungen ist die Bank zu haben, wodurch du den Gewinn eines Verkaufs besser einschätzen kannst. Überlege dir Optionen, die sich für dich lohnen, die aber gleichzeitig die Marge der Bank schonen, dann erklärt sie sich durchaus zu Verhandlungen bereit.

Impulse

- Bei welchem Glaubenssatz hast du dich angesprochen gefühlt?
- Fällt dir ein weiterer Glaubenssatz ein, der dich möglicherweise daran hindert, Immobilien zur Vermietung zu kaufen?

Dein Immogame im Profimodus

Mit dem Grundlagenwissen aus den vorherigen Kapiteln verfügst du über alles, was du brauchst, um deine ersten drei, vier, fünf Immobilien zu erwerben. Woran es dir aber eventuell noch fehlt, ist eine klare Investment-Strategie für die nächsten zehn Jahre. Außerdem könnte dich interessieren, welche kreativen Wege es gibt, an Eigenkapital zu kommen oder es zu schonen, und wie du dich durch angespannte Märkte navigierst. Ist es so? Prima, denn genau damit befassen wir uns jetzt.

Vier Investment-Strategien, inklusive Rechtsform

Welche Rechtsform sich anbietet, hängt entscheidend von deiner Immobilienstrategie ab. Nicht immer ist eine GmbH-Struktur die klügste Wahl, in einigen Fällen fährst du besser als Privatinvestor. Um dich ideal auszurichten, machst du dir frühzeitig klar, auf welchen Immobilientyp du dich spezialisieren und wie viel Zeit du aufbringen möchtest. Letzteres ist nicht zu unterschätzen. Deshalb schauen wir uns vier Szenarien an, deren Komplexität und Schwierigkeitsgrad zunehmen. Insbesondere bei der vierten Strategie solltest du sowohl einen Steuerberater als auch einen Rechtsanwalt (mit Spezialisierung auf Immobilienrecht) zu deinen Verbündeten zählen, denn Fehler könnten zu herben Steuernachzahlungen führen oder schlimmer noch: zur Insolvenz. Richtig aufgestellt winkt hingegen die finanzielle Freiheit, und die Altersabsicherung sowieso. Genug der mahnenden Worte, lass uns strategisch werden.

1. Eigenkapital aufbauen mithilfe von Eigenheim-Flipping

Wie wäre es, wenn es die Möglichkeit gäbe, ein Vermögen mit selbstbewohnten Immobilien aufzubauen? Ist das nicht insgeheim der Traum aller Familien, die sich ein Eigenheim kaufen? Klar, sie sehnen sich auch nach den Freiheiten, die sie im Vergleich zu Mietern genießen, aber am Ende geht es ihnen doch primär ums Geld, möchte ich unterstellen. Aber leider schlägt diese Strategie für gewöhnlich fehl, nämlich weil sich die Eigenheime in ländlichen Lagen befinden, wo die Wertentwicklung schwach bis grausig ist. Zudem bewohnen die Besitzer ihre Eigenheime viel zu lange, sodass das Eigenkapital, das in neue Deals fließen könnte, in der Immobilie brachliegt. Höchste Zeit für eine alternative Strategie! Eine Strategie, die vergleichsweise wenig Aufwand bedeutet und sich ideal neben dem Hauptjob umsetzen lässt. Ausgeführt von unserer fiktiven Person *Emil Eigenheimer.*

Der erste Unterschied zum klassischen Eigenheimkauf: Emil fängt kleiner an und kauft anstelle eines Einfamilienhauses eine Zweizimmerwohnung. Für einen Familienvater von zwei Kindern wäre diese Strategie mangels Platz keine Option, zugegeben, allerdings könnte dieser mit dem Eigenheim-Flipping auch eine Stufe höher beginnen, gesetzt den Fall, es liegt ausreichend Eigenkapital an der Seite. Emil ist jedoch noch auf der Suche nach Miss Right, weshalb ihm zwei Zimmer als Eigenheim vollkommen ausreichen. Zumindest für den Anfang. Seine Wohnung kostet 200 000 Euro zuzüglich 10 Prozent Kaufnebenkosten, das heißt in Summe 220 000 Euro. Damit sich Emils Immobilien einfacher kalkulieren und miteinander vergleichen lassen, treffen wir ein paar Annahmen:

- Die Kaufnebenkosten betragen immer 10 Prozent.
- In die erste Immobilie fließen 10 Prozent Eigenkapital, in alle weiteren 20 Prozent.
- Emil wählt ein Annuitätendarlehen mit einem Zinssatz von 4 Prozent und einer anfänglichen Tilgung von 2 Prozent.
- Emil verkauft jedes Eigenheim nach drei Jahren.
- Die Zinsbindung beträgt drei Jahre; Emil muss demnach bei Verkauf keine Vorfälligkeitsentschädigung zahlen.
- Die Wertsteigerung des Eigenheims beträgt 10 Prozent pro Jahr.
- Die Zahlen sind der Einfachheit halber auf Tausender gerundet.

Angesichts dieser Wertentwicklung, die eine solide, eher städtisch als ländlich geprägte Lage bedingt, besitzt seine Zweizimmerwohnung nach drei Jahren einen Wert von 266 000 Euro. Emil verkauft! Ursprünglich besaß er 20 000 Euro Eigenkapital – was ist daraus geworden? Es ist auf 56 000 Euro angewachsen und hat sich somit fast verdreifacht; die genaue Berechnung hat Emil in der Fußnote hinterlegt.*

Natürlich gab es einen Grund für den Verkauf. Inzwischen hat Emil seine Miss Right gefunden und beide haben sich nach reiflicher Überlegung dazu entschlossen, zusammenzuziehen, da Emils Wohnung auf Dauer zu klein für die beiden ist. Emil und seine Freundin Emilia – kein Witz! – erwerben eine Vierzimmerwohnung in städtischer Lage für 500 000 Euro. In die Finanzierung fließen Emils 56 000 Euro, wobei Emilia diesen Betrag um weitere 44 000 Euro aufstockt, damit der Eigenkapitalanteil 20 Prozent beträgt und das Risiko sinkt.

Nach weiteren drei Jahren wiederholt sich das Spiel. Emilia hat einen neuen Job angenommen und Emil erklärt sich bereit, mit ihr in eine andere Stadt zu ziehen. Als digitaler Nomade sieht er darin kein Problem, im Gegenteil, er begrüßt den Umzug sogar. Da sie die Wendung kommen sehen, können sie den Verkauf ihrer gemeinsamen Wohnung rechtzeitig anstoßen und finden einen Käufer. Was kommt dabei herum? Rund 665 000 Euro. Vom Verkaufspreis ziehen die beiden das Restdarlehen und die Zinsen ab, übrig bleibt das Eigenkapital, das ihnen für eine neue Wohnung zur Verfügung steht: 192 000 Euro**.

---

* Eigenkapital nach dem ersten Verkauf = Verkaufspreis – Restdarlehen – Zinsen = 266 000 – 187 000 – 23 000 = 56 000 Euro.

** Eigenkapital nach dem zweiten Verkauf = Verkaufspreis – Restdarlehen – Zinsen = 665 000 – 421 000 – 52 000 = 192 000 Euro.

Das Paar stockt sein Eigenkapital auf 200 000 Euro auf und investiert es in ein Penthouse – ja, ihr Komfortanspruch ist gestiegen! Eine Million Euro soll es kosten. Sie verbringen eine schöne Zeit, doch drei Jahre später (du ahnst es sicher) passiert was? Richtig, Emil und Emilia planen einen Umzug. Irgendwie hat Emil seine Verbundenheit mit seiner Heimatstadt unterschätzt, und da Emilia drei Jahre zuvor auf Emils Spontanität zählen konnte, revanchiert sie sich jetzt bei ihm. Die beiden sehen sich nach einer geräumigen Stadtvilla um, mal sehen, wie viel Eigenkapital ihnen dafür zur Verfügung steht. Das Penthouse bringt beim Verkauf satte 1 331 000 Euro. Nach Abzug des Restdarlehens und der Zinsen verbleibt Eigenkapital in Höhe von 383 000 Euro.*

Sie fügen 17 000 Euro hinzu und nutzen die Summe, um sich eine Stadtvilla im Wert von 2 Millionen Euro zu leisten. Wir erinnern uns: 10 Prozent Kaufnebenkosten und 20 Prozent Eigenkapital bedeuten in diesem Fall, dass sie ein Darlehen über 1,9 Millionen Euro aufnehmen müssen. Drei Jahre später erfolgt der obligatorische Verkauf, wie eingangs angenommen. Die Stadtvilla erzielt einen Verkaufspreis von 2 662 000 Euro, anschließend verfügen Emil und Emilia über Eigenkapital in Höhe von 662 000 Euro.**

Wir rekapitulieren: Emil standen anfangs 20 000 Euro Eigenkapital zur Verfügung. Davon kaufte er eine Zweizimmerwohnung, lernte daraufhin eine Frau kennen, für die er seine Wohnung aufgab, und »flippte« drei weitere Eigenheime mit ihr. Und heute verfügen sie gemeinsam über mehr als das 30-Fache von Emils Startkapital. Das übersteigt den Wert vieler

* Eigenkapital nach dem dritten Verkauf = Verkaufspreis – Restdarlehen – Zinsen = 1 331 000 – 843 000 – 105 000 = 383 000 Euro.

** Eigenkapital nach dem vierten Verkauf = Verkaufspreis – Restdarlehen – Zinsen = 2 662 000 – 1 779 000 – 221 000 = 662 000 Euro.

Einfamilienhäuser, für die sich ihre Eigentümer ein Leben lang verschulden. Zur Erinnerung: Für Emil und Emilia sind gerade einmal zwölf Jahre vergangen. Was sie mit ihrem Eigenkapital anstellen? Och, da kommt vieles infrage. Zum Beispiel könnten sie einen Teil davon zur Anzahlung für ein Mehrfamilienhaus nutzen, das ihnen 50 000 Euro Jahreskaltmiete beschert, und eine Wohnung davon selbst bewohnen. Oder, falls sie weiterhin in einem Haus leben wollen, nutzen sie den Rest als Puffer und wohnen vorerst zur Miete. Gute Jobs haben sie ja ohnehin, soll heißen, sie könnten die Miete allein aus ihrem monatlichen Einkommen bestreiten.

Natürlich gestehe ich mir ein, dass es sich hierbei um ein idealisiertes Beispiel handelt. Entscheidend ist vielmehr das Prinzip, in einem Eigenheim zu wohnen und es nach einer gewissen Zeit zu verkaufen, damit das Eigenkapital wieder frei wird. Der Zyklus muss dabei nicht drei Jahre betragen, die Abstände zwischen Kauf und Verkauf können auch länger gewählt sein. Ebenso flexibel bist du, was die Häufigkeit betrifft. Unter Umständen genügen zwei Flips, um genügend Eigenkapital für ein kleines Mehrfamilienhaus anzusparen, genauso gut hätten sie die Strategie fünf-, sechs- oder siebenmal anwenden können, solange ihnen der Umzug nichts ausmacht. Ohnehin eignet sich diese Vorgehensweise nicht, um schnell reich zu werden, daher kommt es nicht auf ein paar Jahre mehr oder weniger an.

Oberste Prämisse für diese Strategie ist ein solider Immobilienmarkt, was ländliche und strukturschwache Lagen praktisch ausschließt, da jährliche Wertsteigerungen von 10 Prozent dort allerhöchstens in Niedrigzinsphasen realistisch sind. Apropos niedrige Zinsen: Du hast sicher bemerkt, wie die 4 Prozent Zinsen das Eigenkapital schmälern, denn leider mussten Emil und Emilia sie aus eigener Tasche bezahlen, weil sie keinen

Mieter hatten, der das für sie übernommen hat. Bei ihrem letzten Eigenheim, der Stadtvilla, fielen monatliche Zinszahlungen von gut 6000 Euro an, die zweifelsohne viele Paare in die Knie zwingen würden. Allgemein gilt für diese Strategie: Je höher die Zinsen steigen, desto unattraktiver wird das Eigenheim-Flipping. Allerdings hätte das Paar seine Komfortansprüche auch drosseln, jedes Eigenheim eine Nummer kleiner wählen und nebenher zwei oder drei Wohnungen als Kapitalanlage kaufen können; quasi als Leitplanke, damit sie nicht alles auf eine Karte setzen müssen. Die Zeit hätte dafür gereicht, noch mal zur Erinnerung: Wir reden über einen Zeitraum von zwölf Jahren! Innerhalb dessen hätten Emil und Emilia mit hoher Wahrscheinlichkeit einen Gehaltssprung gemacht, der ihnen bei einigermaßen bescheidenen Lebensverhältnissen zusätzliches Investitionskapital beschert hätte. Die Strategie eignet sich daher ideal für Angestellte mit einem lukrativen Job, die sich parallel mit relativ geringem Aufwand langsam Vermögen aufbauen und gleichzeitig nicht ihre eigenen vier Wände missen wollen. Es versteht sich von selbst, dass Emil und Emilia privat investieren, da sie sich andernfalls die Chance nähmen, ihre Eigenheime steuerfrei zu veräußern.

Diese Strategie ist dir nicht aktiv genug oder zu wenig »investorig«? Kein Problem, die nächste verlangt dir mehr zeitlichen Aufwand ab, ist aber noch immer gut neben dem Job zu bewältigen.

2. Bestand mit Eigentumswohnungen aufbauen

Diese Strategie präsentiert uns die Privatinvestorin *Karla Kapitaler*, eine Marketingmanagerin mit solidem Gehalt und einer lobenswerten Bonität. Zeit für Karla, endlich Kapital daraus zu schlagen! Bevor wir uns in die Details vertiefen, treffen wir auch für diese Strategie ein paar Annahmen.

- Karla kauft in zehn Jahren zehn Wohnungen zu je 100 000 Euro.
- Die Kaufnebenkosten betragen jedes Mal 10 Prozent.
- Die ersten drei Wohnungen finanziert sie zu 100 Prozent, das heißt, sie deckt mit ihrem Eigenkapital die Kaufnebenkosten ab.
- In die restlichen sieben Wohnungen bringt sie 20 Prozent Eigenkapital ein.
- Die anfängliche Tilgung liegt bei 2 Prozent, die Zinsen bei 4 Prozent.
- Die durchschnittliche Wertsteigerung beträgt 5 Prozent pro Jahr.
- Karlas Wohnungen sind (anfangs) *Cashflow-neutral*, das bedeutet, die Kaltmiete reicht genau aus, um den Kapitaldienst und die nicht umlagefähigen Betriebskosten zu decken.

Genug der Annahmen, Karla will endlich zum Notar, um Eigentümerin zu werden. Zu diesem Zeitpunkt verfügt sie über 10 000 Euro, einen Betrag, der exakt ausreicht, um die Kaufnebenkosten ihrer ersten Eigentumswohnung zu begleichen. Die erste ist immer die wichtigste, sagt man. Wieso? Weil Karla Blut leckt, nachdem die erste Miete auf ihrem Konto eingegangen ist. Sie will weitermachen und beurkundet ein Jahr später ihre zweite Wohnung. Woher sie erneut 10 000 Euro hat? Sie hat sie angespart, ihr Job gibt das her. Außerdem hält sie ihren Konsum in Grenzen, da ihr die finanzielle Freiheit wichtiger ist, als sich jede Woche ein neues Kleidungsstück liefern zu lassen. Dank dieser sparsamen Einstellung kommt Karla auch an das Eigenkapital für ihre dritte Wohnung.

Unterdessen hat Karla einen ordentlichen Gehaltssprung gemacht. Aber statt ihren Lebensstil in gleichem Maße ihrem Einkommen anzupassen – wie es viele machen würden –, hat sie ihn nur moderat angehoben, wodurch sie deutlich mehr Geld beiseitelegen kann als zuvor. Im vierten Jahr stehen ihr 20 000 Euro für ihre vierte Wohnung zur Verfügung. Und in diesem Tempo läuft es weiter. Im fünften Jahr kauft sie die fünfte Wohnung, im sechsten die sechste, im siebten die siebte und so weiter, bis sie nach einem Jahrzehnt tatsächlich ihr Ziel erreicht hat und zehn Wohnungen ihr Eigen nennen darf. Stark!

Karla verweilt einen Moment und sinniert darüber, wie sie ihr Immogame fortsetzt. Welcher Spielzug ist am cleversten? Soll sie im bisherigen Stil weiter Eigentumswohnungen kaufen und ihren Bestand auf 20, vielleicht sogar 30 Wohnungen ausbauen? Oder beginnt sie in den kommenden Jahren damit, die erstgekauften Wohnungen am freien Markt oder an eine vermögensverwaltende GmbH zu verkaufen, um das brachliegende Eigenkapital zu befreien und es in neue Immobilien umzuleiten? Oder soll sie doch besser von der jahrelangen Tilgung und der Wertsteigerung profitieren, indem sie neue Grundschulden auf die »alten« Wohnungen aufnimmt, mit dem Ziel, die gewonnene Liquidität in neue, eventuell größere Immobilien fließen zu lassen? Wie wir sehen, offenbaren sich für Karla einige Optionen. Wenn ich ihr einen Rat geben dürfte, würde ich ihr empfehlen, ihren Immobilienbestand »in Bewegung« zu halten. Denn so weiterzumachen wie bisher, bringt sie in meinen Augen nicht auf das nächste Level; deshalb würde ich die ersten drei Wohnungen veräußern, sobald die Spekulationsfrist überschritten ist. Unter der Prämisse einer jährlichen Wertsteigerung von 5 Prozent liegt der Wert jeder dieser Wohnungen dann bei 163 000 Euro und der jeweilige Restdarlehensstand beträgt 75 000 Euro. Das heißt, jede Wohnung verspricht beim Verkauf 88 000 Euro Eigenkapital, womit Karla ihre ursprünglichen 10 000 Euro fast verneunfacht.* Wenn sie sich bis zum Ablauf des zwölften Jahres gedulden kann – zu diesem Zeitpunkt erlischt die Spekulationsfrist ihrer dritten Wohnung –, verfügt Karla über mindestens 264 000 Euro Eigenkapital.** Was stellt sie nun damit an? Entweder investiert sie es in zehn weitere Eigentumswohnungen oder sie denkt eine Nummer größer und kauft zwei oder drei Mehrfamilienhäuser. Liquide genug ist sie dafür, aber in jedem Fall rate ich ihr, einen Puffer von 50 000 Euro übrig zu lassen. Man weiß ja nie, ob mal eine unvorhergesehene Reparatur ansteht oder sich ein sagenhafter Deal ankündigt, für den sie plötzlich Eigenkapital benötigt, um zuzuschlagen.

Karlas Strategie lässt sich natürlich auch variieren. In unserem Beispiel kostet jede Wohnung exakt 100 000 Euro. Diese Punktlandung scheint auf Dauer unrealistisch, doch ist das halb so wild. Ein paar Wohnungen kauft sie vielleicht günstiger, andere etwas teurer, vielmehr geht es hier um das Prinzip, pro Jahr eine Wohnung zu erwerben. Dieser Kaufabstand genügt völlig, um sich in zehn bis zwölf Jahren ein solides Vermögen aufzubauen, ohne dabei immens viel Zeit zu opfern. Klar, die Recherche wird nicht von selbst laufen. Ebenso wenig die Objektprüfung und die Pflege von Kontakten zu Maklern, Bankern und Handwerkern. Möglicherweise schaltet Karla außerdem Zeitungsannoncen, dann wird sie nicht umhinkommen, mit Eigentümern zu telefonieren, wodurch sie sich allerdings hin und wieder die Maklercourtage spart, was wiederum weniger Eigenkapitaleinsatz bedeutet. Ja, diese Strategie fordert

---

* Wir gehen davon aus, dass Karla während der Zinsbindung nicht die Option der Sondertilgung genutzt hat.

** Eigentlich sogar über mehr, denn die ersten beiden Wohnungen tilgt sie ja weiter herunter, während sie auf den Ablauf der Spekulationsfrist ihrer dritten Wohnung wartet.

zweifelsohne ihren Tribut, doch sie lohnt sich und zu bewerkstelligen ist sie neben dem Hauptjob auch.

Und welche Rechtsform wählt Karla? In unserem Beispiel bleibt sie Privatinvestorin, denn der Erfolg von Karlas Strategie hängt maßgeblich vom steuerfreien Verkauf ab. Nur so kann sie von der Wertsteigerung profitieren, zudem sind ihre Immobilien ja Cashflow-neutral, weshalb wir davon ausgehen können, dass ihre laufende Steuerlast einigermaßen gering bleibt. Karla könnte sie weiter senken, indem sie mittels Gutachten die Restnutzungsdauer ihrer Immobilien verkürzt und die Abschreibungen erhöht.* Was aber, falls jede Wohnung einen monatlichen Cashflow von 200 Euro oder mehr erwirtschaftet? In diesem Fall investiert Karla offensichtlich in einer schwächeren Lage, was bedeutet, dass der Wert ihrer Wohnungen in den folgenden zehn Jahren entweder nur leicht steigen, stagnieren oder schlimmstenfalls fallen wird. Dabei sollte sie unbedingt die Vermietbarkeit im Auge behalten, denn je schwächer die Lage, desto schwieriger ist es auch, anständige Mieter zu finden – das muss Karla klar sein. Falls die Mieten als sicher gelten und sie tatsächlich einen ordentlichen Cashflow erwartet, der eine hohe Steuerlast bedeutet, könnte sie von vornherein über eine vermögensverwaltende GmbH nachdenken, mit der sich Steuern sparen lassen. Wie genau das abläuft, schauen wir uns im Rahmen der vierten Strategie an, die gleich noch folgt. Auch hat Karla die Möglichkeit, die ersten zehn Jahre Privatinvestorin zu bleiben und erst dann eine vermögensverwaltende GmbH zu gründen, wenn der Cashflow mit den Jahren erheblich gestiegen ist. In diesem Fall würde sie ihre Immobilien nach und nach an die vermögensverwaltende GmbH verkaufen, wohlgemerkt zu einem marktüblichen Preis, so will es das Gesetz. Außerdem zu

* Im Detail nachzulesen im Kapitel: »Wie sich Immobilien steuerlich auswirken«.

berücksichtigen ist, dass dieses Vorgehen Grunderwerbsteuer auslöst und Karla die Notarkosten trägt.

3. Bestand mit Neubauwohnungen aufbauen

»Wer Neubauten kauft, kommt nie auf einen grünen Zweig.« So der Gedankengang vieler Investoren, mit dem sie sicherlich nicht völlig falschliegen. Neubau ist verhältnismäßig teuer, das stimmt, dafür aber öffnet der Gesetzgeber seinen Eigentümern ein exklusives Fenster, das Eigentümern von Altbauten verschlossen bleibt. Wir begleiten die Privatinvestorin *Nora Neubauer*, sie wird uns aufzeigen, worin der Reiz dieser Investitionsstrategie besteht.

Noras und Karlas Strategie ähneln sich, der Unterschied besteht hauptsächlich darin, dass Nora von vornherein solventer ist und über ein höheres Einkommen verfügt. Jedoch erdrückt sie ihre Steuerlast, deshalb sehnt sie sich nach einem Steuersparmodell, das Abhilfe verschafft. Und was könnte sich besser dafür eignen als eine vergleichsweise teure Immobilie, die sich mit einem höheren Prozentsatz als üblich abschreiben lässt? Neuerdings werden Neubauimmobilien, die nach dem 31.12.2022 fertiggestellt wurden, mit jährlich 3 Prozent linear abgeschrieben, also über eine Laufzeit von 33,33 Jahren. Das Bundesministerium für Wohnen, Stadtentwicklung und Bauwesen vertritt die Meinung, die Baubranche stecke in einer Krise. Die Erhöhung der linearen AfA für Wohngebäude von 2 auf 3 Prozent und eine Sonder-AfA für besonders klimafreundlichen Neubau seien bereits hilfreiche Maßnahmen, würden aber noch nicht genügen, um ausreichend Investitionen anzustoßen. Die Lösung ist in den Augen des Ministeriums eine *degressive* AfA für Wohngebäude, die den Wertverzehr von Wohngebäuden besser abbilde. »*Wertverzehr*«, das bedeutet: »In neuen Gebäuden verbaute Technik wird oft innerhalb von wenigen Jahren durch neue Entwicklungen überholt. Dadurch verlieren Gebäude zu Anfang schneller an Wert. Die degressive Abschreibung fördert die schnellere Refinanzierung von getätigten Investitionen.«[15] Interessant, es ist also der fortschreitende Stand der Technik, den sich Nora zunutze machen kann, indem sie eine Neubauwohnung erwirbt, deren Baubeginn zwischen dem 1. Oktober 2023 und dem 30. September 2029 liegen muss.*

Doch wie genau berechnet sich die degressive Abschreibung? Dafür nehmen wir an, Nora kauft direkt vom Bauträger (ohne Maklercourtage) eine Neubauwohnung für 250 000 Euro inklusive abschreibungsfähiger Grunderwerbsteuer und Notarkosten. Am Rande bemerkt: Sich die Maklercourtage zu sparen, führt zu einer besseren Eigenkapitalrendite, da sie solche Kaufnebenkosten in der Regel mit ihrem Eigenkapital bezahlen wird. Doch kommen wir wieder auf das eigentliche Thema zu sprechen: Im ersten Jahr darf Nora 5 Prozent der Investitionskosten** abschreiben, das entspricht 12 500 Euro, die in voller Höhe ihr zu versteuerndes Einkommen senken.[16] Was passiert im Folgejahr? Anders als bei der linearen Abschreibung, wo der jährliche Abschreibungsbetrag über die gesamte Laufzeit gleich bleibt, vermindert sich dieser bei der degressiven Abschreibung von Jahr zu Jahr. Und zwar, weil sich die 5 Prozent immer auf den Restwert beziehen. Für Noras zweites Abschreibungsjahr bedeutet das: 250 000 – 12 500 = 237 500. Davon 5 Prozent entsprechen 11 875 Euro, ihrem neuen Abschreibungsbetrag.

---

* Zweite Bedingung: Auch der Kaufvertrag muss in diesem Zeitraum rechtswirksam geschlossen und die Immobilie bis zum Ende des Jahres der Fertigstellung erworben werden.

** Ursprünglich waren vom Bundestag sogar 6 Prozent angedacht, jedoch hat der Vermittlungsausschuss das Wachstumschancengesetz abgespeckt.

Nach diesem Schema reduziert sich der Restwert immer weiter, bis er schließlich bei null angelangt und Noras Neubauwohnung vollständig abgeschrieben ist. Da mit dem Restwert leider die steuerliche Attraktivität sinkt – die ja der Grund des Kaufs war –, empfehle ich Nora, die Steuerersparnis jedes Jahr für die Sondertilgung zu nutzen, damit nicht eines Tages das böse Erwachen kommt. Denn die Immobilie rechnet sich mit sinkender Abschreibung immer schlechter, es sei denn, die Miete stiege signifikant, wovon wir aber eher nicht ausgehen, weil es sich um einen Neubau handelt, dessen Kaltmiete von vornherein auf einem relativ hohen Niveau liegt. Tilgt Nora mit der Steuerersparnis jedoch ihre Wohnung zusätzlich, ist das Darlehen nach zehn Jahren weit genug heruntergetilgt, sodass Nora bei einer Refinanzierung weniger zu befürchten hat. Damit wir ein Gefühl für die Zahlen bekommen, schauen wir uns die Entwicklung der degressiven Abschreibung sowie der Steuerersparnis für die ersten zehn Jahre an.

	Abschreibung	**Restwert**	**Steuerersparnis**
1. Jahr	12 500, 00 €	237 500,00 €	5250,00 €
2. Jahr	11 875,00 €	225 625,00 €	4988,00 €
3. Jahr	11 281,00 €	214 244,00 €	4738,00 €
4. Jahr	10 717,00 €	203 627,00 €	4501,00 €
5. Jahr	10 181,00 €	193 445,00 €	4276,00 €
6. Jahr	9672,00 €	183 773,00 €	4062,00 €
7. Jahr	9189,00 €	174 584,00 €	3859,00 €
8. Jahr	8729,00 €	165 855,00 €	3666,00 €
9. Jahr	8293,00 €	157 562,00 €	3483,00 €
10. Jahr	7878,00 €	149 684,00 €	3309,00 €

Degressive Abschreibung und die daraus resultierende Steuerersparnis

Unter der Annahme eines Einkommensteuersatzes von 42 Prozent beträgt Noras Steuerersparnis für diesen Zeitraum gut 42 000 Euro, wohingegen sie bei linearer Abschreibung von 3 Prozent nur 31 500 Euro betrüge. Mit anderen Worten ausgedrückt, stehen Nora bei degressiver Abschreibung in zehn Jahren 10 500 Euro mehr für die Sondertilgung zur Verfügung.

Mehr noch als bei der vorherigen Strategie von Karla gilt für Nora, dass sie nach Ablauf der Spekulationsfrist über einen Verkauf nachdenken sollte. Denn aufgrund der Sondertilgung und des höheren Kaufpreises ist deutlich mehr Eigenkapital in der Immobilie »gefangen«, das gestreut in mehrere neue Deals sinnvoller angelegt wäre. Sie verkauft ihre einstige Neubauimmobilie entweder am freien Markt oder aber an ihre vermögensverwaltende GmbH. Die letztgenannte Variante brächte erneut einen Steuervorteil mit sich, denn die Abschreibung beginnt wieder beim Verkaufspreis; allerdings könnte Nora dann nur noch 3 Prozent linear abschreiben, da die Immobilie für die degressive Abschreibung zu alt wäre (zumindest nach derzeitigem Gesetzesstand).

Noch ein Wort zum höheren Kaufpreis: Wir sind ja davon ausgegangen, dass Nora eine solvente Angestellte ist. Allerdings wird auch Noras Liquidität Grenzen haben. Will sie 10 Prozent Eigenkapital einbringen, benötigt sie allein für ihre erste Neubauwohnung 25 000 Euro Eigenkapital, das wird sie wohl kaum jedes Jahr ansparen können. Was Nora außerdem unbedingt beachten muss: Ihre Steuerersparnis hängt unmittelbar von ihrem Gehalt ab. Es gibt einen *Sweet Spot*, bei dem sie ihr zu versteuerndes Einkommen bis aufs Äußerste minimiert hat, sodass weitere Abschreibungen keinen Steuereffekt mehr hätten. Sobald Nora diesen Punkt erreicht hat, lohnt der Kauf einer weiteren Neubauwohnung vermutlich nicht mehr, deswegen ermittelt sie gemeinsam mit ihrem Steuerberater unbedingt gleich zu Anfang, wo der ideale jährliche Abschreibungsbetrag liegt. Kennt sie diesen, weiß Nora, wie viele Neubauwohnungen zu welchem Preis sie anstreben sollte.

Ohne in die Details zu gehen, wage ich die Behauptung, dass Nora weniger, aber dafür teurere Wohnungen als Karla kaufen wird, womit der Immobilienbestand beider Investorinnen nach zehn bis zwölf Jahren einen ähnlichen Wert aufweisen wird. Während Karla bei Wohnungen mit einem hohen Cashflow und geringer Wertentwicklung ernsthaft erwägen sollte, eine vermögensverwaltende GmbH zu gründen, bleibt Nora in jedem Fall Privatinvestorin. Und zwar, weil der Cashflow aufgrund des verhältnismäßig hohen Preises einer Neubauwohnung eher gering ausfallen wird, so er denn überhaupt vorhanden ist. Noras Strategie fußt auf ihrem hohen Einkommen beziehungsweise der Steuerersparnis, die die (anfänglich) hohe degressive Abschreibung verspricht.

4. Kombistrategie: Fix & Flip und Buy & Hold

Werfen wir zum Abschluss einen Blick auf die anspruchsvollste und zeitintensivste Strategie, eine Kombination aus Bestandshaltung und Immobilienhandel, angewandt von unserem Investor *Volker Vollprofi*. Um diese beiden Immobilienbereiche zu kombinieren, hat Volker grundsätzlich zwei Möglichkeiten. Erstens: Er kauft seine Bestandsobjekte privat und seine Handelsobjekte mit einer vermögensverwaltenden GmbH. Oder zweitens: Er gründet gleich zwei GmbHs, eine operative und eine vermögensverwaltende. Bevor wir uns ansehen, wie dieses Prinzip der *doppelstöckigen GmbH* funktioniert, weiht uns Volker in die Vorteile der *vermögensverwaltenden GmbH (VVG)* ein.

Mit der VVG zielt Volker darauf ab, Gewerbesteuer zu sparen. Ein ganz klarer Fall. Das ist nur möglich, wenn die GmbH nicht gewerblich tätig ist, sie also nicht mehr als drei Objekte in fünf Jahren verkauft (Drei-Objekt-Grenze) und somit nur der »Vermögensverwaltung« dient. Hierfür stellt Volker nach Gründung einen Antrag auf »Befreiung von der Gewerbesteuer«. Wird dieser bewilligt, ist die VVG von der Gewerbesteuer befreit, infolgedessen muss sie lediglich Körperschaftsteuer in Höhe von 15 Prozent zuzüglich Solidaritätszuschlag an das Finanzamt abführen. Damit reduziert sich die Steuerlast der VVG im Vergleich zu einer gewerblich tätigen GmbH um rund die Hälfte. Wie jede andere GmbH muss aber auch die VVG ein paar Bedingungen erfüllen:

- Gesellschaftervertrag,
- Geschäftskonto,
- Geschäftsführer,
- Eintrag ins Handelsregister mit Angabe des Geschäftszwecks (Vermögensverwaltung),
- 25 000 Euro Stammkapital (mindestens 50 Prozent, also 12 500 Euro, müssen als Einlage hinterlegt werden),
- dieses darf auch in Form von Immobilienvermögen vorhanden sein.[17]

Nicht zu unterschätzen sind vor Gründung einer VVG die einmaligen sowie die laufenden Kosten. Die Gründungskosten belaufen sich auf 1000 bis 2000 Euro, die vor allem dafür anfallen, dass ein Notar sowohl den Gesellschaftervertrag beurkundet als auch den Eintrag ins Handelsregister anmeldet. Hinzu kommen laufende Kosten von ebenfalls 1000 bis 2000 Euro pro Jahr für die Buchhaltung und diverse Beiträge an Behörden. Volker strebt nach Großem, daher passt das für ihn; wer hingegen nur zwei Immobilien kaufen möchte, gründet lieber keine VVG. Ich höre immer wieder Geschichten, insbesondere über junge Investoren, die schon vor dem Kauf ihrer ersten Immobilie in die Vollen gehen, indem sie mit mehreren Gesellschaftern eine GmbH (manchmal gleich zwei oder drei) gründen, weil ihnen dazu in einem Seminar ein vermeintlicher Profi geraten hat. Einige Monate später bemerken sie dann, dass die Zusammenarbeit mit den anderen Gesellschaftern leider doch nicht so fruchtet wie prognostiziert. In der Konsequenz befinden sich im Betriebsvermögen zwei, vielleicht drei Immobilien, die im Privatbesitz besser aufgehoben wären, da ihre Rendite durch die laufenden Kosten der GmbH drastisch verringert wird.

Ebenfalls Vorsicht ist bei Immobilienverkäufen geboten. Aufgrund ihres gewerbefreien Charakters ist die VVG keinesfalls für den Immobilienhandel gedacht. Wenn Volker die F&F-Strategie »Kaufen, renovieren, verkaufen« in der VVG durchführt, erkennt ihm das Finanzamt womöglich den Status »Vermögensverwaltung« ab, was zur Konsequenz hätte, dass fortan sämtliche Gewinne der Gewerbesteuer unterliegen würden. Ein gelegentlicher Verkauf ist hingegen in Ordnung, wobei auf den Erlös per se 15 Prozent Körperschaftsteuer plus Solidaritätszuschlag (in Summe 15,825 Prozent) anfallen, da die Spekulationsfrist für Immobilien in der VVG nicht gilt. Es spielt demnach aus steuerlicher Sicht keine Rolle, ob Volker die Immobilie nach einem oder nach zehn Jahren verkauft. Zumindest im Regelfall. Die einzige Ausnahme davon ist die *6b-Rücklage*.

Laut Paragraf 6b EStG hat Volker die Möglichkeit, »die bei der Veräußerung bestimmter Anlagegüter aufgedeckten stillen Reserven steuerfrei von veräußerten Wirtschaftsgütern auf andere neu angeschaffte Ersatzwirtschaftsgüter zu übertragen«.

Die Liquidität der VVG kann von diesem Gesetz wie folgt profitieren: Bei Veräußerung einer Immobilie bildet Volker eine sogenannte *gewinnmindernde Rücklage*, die er auf eine neue Immobilie übertragen darf, sofern er sie in den folgenden vier beziehungsweise sechs Wirtschaftsjahren anschafft. Diese Rücklage löst er im »Reinvestitionsjahr gegen Minderung der Anschaffungs- und Herstellungskosten« auf, was allerdings zur Folge hat, dass sich die Abschreibungen für die neu angeschaffte Immobilie verringern. Aber welche Frist gilt denn nun für die Reinvestition: vier oder sechs Jahre? Der Gesetzgeber sieht zunächst eine Frist von vier Jahren vor, die sich jedoch bei neu hergestellten Gebäuden auf sechs Jahre verlängert, »wenn mit deren Herstellung vor dem Schluss des 4. auf die Bildung der Rücklage folgenden Wirtschaftsjahres begonnen worden ist«.[18] Da es Volker jedoch nicht auf Neubau-, sondern auf Bestandsimmobilien abgesehen hat, rechnet er besser mit vier Jahren. Überhaupt eignet sich die vermögensverwaltende GmbH am ehesten für Immobilien mit hohem Überschuss und vergleichsweise schwacher Wertentwicklung. Je höher die jährliche Wertsteigerung ausfällt, desto eher würde ich Volker dazu raten, solche Immobilien als Privatinvestor zu erwerben, damit er sie nach Ablauf der Spekulationsfrist steuerfrei veräußern darf. Vielleicht an eine vermögensverwaltende GmbH, wie schon bei Karla Kapitaler angedeutet? Das ergibt durchaus Sinn, wenn der Cashflow über die Jahre deutlich gestiegen ist.

Wie gesagt hat Volker Größeres vor, deshalb gründet er gleich zu Beginn zwei GmbHs – eine Holding, die seine Bestandsobjekte verwaltet, und eine operative GmbH, die Handel betreibt und sich hierarchisch unter der Holding befindet. Warum wählt er diese *doppelstöckige* Struktur? Zum einen eliminiert Volker dadurch das Risiko, sich gewerblich zu »infizieren«, denn wer privat Immobilien hält und nebenher

Handel betreibt, läuft Gefahr, vom Finanzamt als gewerblicher Grundstückshändler eingestuft zu werden. Zum anderen, und das ist der eigentliche Vorteil, kann die Handels-GmbH ihre Gewinne »nach oben« in die Holding ausschütten, wofür lediglich 0,79 Prozent Steuern anfallen. Wie das möglich ist? Laut Paragraf 8b des Körperschaftsteuergesetzes (KStG) sind 95 Prozent der Gewinne steuerfrei, sofern die Holding zu mindestens 15 Prozent an der Handels-GmbH beteiligt ist. Einzig die verbleibenden 5 Prozent der Gewinne unterliegen der Gewerbe- und der Körperschaftsteuer. Da die Holding aber als vermögensverwaltende GmbH keine Gewerbesteuer zahlt, fallen bloß 15,875 Prozent Körperschaftsteuer auf die besagten 5 Prozent der Gewinne an: 5 Prozent × 15,875 Prozent = 0,79 Prozent Steuerlast.

Ohne Holding müsste Volker die Gewinne aus seiner Handels-GmbH an sich als Privatperson ausschütten und mit seinem Einkommensteuersatz versteuern. Solange das Geld aber in der Holding bleibt und zum Beispiel in neue Bestandsobjekte fließt, steht Volker steuerlich besser da. Erst wenn er die Gewinne aus seiner Holding an sich als Privatperson ausschüttet, egalisiert sich der Steuereffekt; insofern eignet sich die doppelstöckige Struktur am besten für den langfristigen Vermögensaufbau. Im Übrigen würde ich an Volkers Stelle davon absehen, mir von der Holding oder der GmbH ein *Gesellschafterdarlehen* geben zu lassen. Zu dieser Methode wird mancherorts geraten, doch ich halte sie für dumm, weil darunter die Bonität des Unternehmens leidet. Die Bank würde die Bilanz zerlegen, weil ein Gesellschafterdarlehen wie ein Geschwür ist, das unnötig Energie zieht, und man nie so recht weiß, ob der »Körper« daran zugrunde geht. Noch dazu könnte es das Finanzamt als »verdeckte Ausschüttung« interpretieren, die mit einer Steuernachzahlung einhergeht.

Volker vermeidet derlei Stumpfsinn und konzentriert sich lieber auf das Wesentliche: die Wirtschaftskraft seiner GmbHs in die Stratosphäre zu katapultieren. Die Handels-GmbH nutzt er dazu, Eigenkapital aufzubauen, indem er renovierungsbedürftige Wohnungen kauft, renoviert und verkauft. Während er die eine Hälfte des Gewinns an die Holding ausschüttet, um davon Cashflow-starke Bestandsobjekte zu kaufen, die er langfristig hält, behält er die andere Hälfte in der operativen GmbH und investiert sie in neue Handelsobjekte. Auf diese Weise erschließt sich Volker einen nicht versiegenden Quell an Eigenkapital, an dem sich seine Holding bedient, um ihren Bestand nach und nach zu erweitern und mithilfe von Sondertilgungen den Fremdkapitalanteil zu senken. Diese Strategie ist wohl die aktivste von allen. Sie bedeutet eine Menge Arbeit, die sich ab einem gewissen Punkt nur noch in Vollzeit erledigen lässt. Das kann ich aus eigener Erfahrung bestätigen, denn Volker und ich fahren die gleiche Strategie.

Zum Abschluss noch ein Gedankenspiel: Falls Volker damit liebäugelt, eines Tages auszuwandern, sollte er ernsthaft erwägen, ob er statt der Holding nicht lieber eine Stiftung gründet, unter der wiederum die Handels-GmbH angesiedelt wäre. Denn eine Stiftung gehört sich selbst. Mit anderen Worten: Die darin befindlichen Immobilien würden Volker gar nicht gehören, wohl aber dürfte er zu Lebzeiten darüber verfügen und von ihrer Wirtschaftskraft profitieren. Der immense Vorteil: Er hätte keine *Wegzugsbesteuerung* zu befürchten, die normalerweise anfällt, wenn in Deutschland unbeschränkt steuerpflichtige Gesellschafter von Kapitalgesellschaften ihren Hauptwohnsitz permanent ins Ausland verlegen. Sobald der Gedanke Form annimmt, sucht sich Volker aber unbedingt Expertenrat, denn er will ja keine steuerlichen oder juristischen Dummheiten begehen – und du sicher ebenso nicht.

Impulse

- Mit welcher Investment-Strategie kannst du dich am ehesten identifizieren? Warum ist das so?
- Wähle eine Investment-Strategie aus, die zu deiner Lebenssituation passt. Bei einem Arbeitspensum von 60 Stunden pro Woche ist die doppelstöckige GmbH vielleicht nicht die beste Wahl, sondern eher der gemächliche Bestandsaufbau als Privatinvestor.

Zehn (un)konventionelle Wege zum Eigenkapital

Viele Immobilieninvestoren schlittern irgendwann in einen Liquiditätsengpass. Nicht unbedingt, weil sich ihr Konsumverhalten geändert hat, vielmehr weil sie ihre Ersparnisse vollständig investiert haben und es eine ganze Weile dauert, bis ihre Immobilien das in ihnen gespeicherte Eigenkapital über den Cashflow wieder »zurückspülen«. Als Investor besitzt man zwar Vermögen, aber man ist nicht immer flüssig. Damit du dich nicht in diese missliche Lage manövrierst, schauen wir uns jetzt zehn Methoden an, wie du dir Eigenkapital beschaffen oder deine Reserven schonen kannst. Ein paar dieser Methoden sind dir schon zwischen den Zeilen begegnet, in diesem Kapitel werden wir konkreter.

1) Verkäuferdarlehen

Das Prinzip des Verkäuferdarlehens ist denkbar einfach. Der Verkäufer gewährt dir für einen Teil des Kaufpreises ein

Darlehen, idealerweise in exakt der Höhe des Eigenkapitals, das die Bank für die Finanzierung von dir fordert. Um dem Verkäufer einen Anreiz zu bieten, würde ich ihm für sein Darlehen einen etwas höheren Zinssatz als den marktüblichen anbieten, sodass ihm ein Tagesgeldkonto im Vergleich weniger attraktiv erscheint. Warum der Verkäufer sich darauf einlassen sollte? Vielleicht benötigt er nicht sofort den gesamten Kaufpreis auf seinem Konto und kassiert stattdessen lieber Zinsen. Auf diese Weise kannst du selbst größere Volumina ohne Eigenkapital finanzieren; besonders geeignet ist diese Methode für F&F-Deals, denn sie ermöglichen eine vergleichsweise zügige Rückführung des Verkäuferdarlehens.

Ein Beispiel aus der Praxis: Einmal habe ich zwei Mehrfamilienhäuser à acht Wohneinheiten gekauft, zu einem Kaufpreis von insgesamt 2 Millionen Euro. Der Verkäufer hat mir hierfür ein Darlehen von 400 000 Euro zu einem Zinssatz von 5 Prozent gewährt. 20 000 Euro Zinsen pro Jahr – kein schlechter Deal für den Verkäufer, oder? Mir wiederum ermöglichte das Verkäuferdarlehen, 20 Prozent Eigenkapital einzubringen, wodurch sich die Bank zu besseren Konditionen bereit erklärte. Die Aufteilung der Mehrfamilienhäuser in Eigentumswohnungen zog sich in die Länge, erst nach fünf Jahren zahlte ich dem Verkäufer seine 400 000 Euro zurück. Das bedeutet, er erhielt über die Laufzeit 100 000 Euro Zinsen; und dennoch war das Projekt lukrativ genug, um mir einen Ertrag von 600 000 Euro zu bescheren. Ich war glücklich, der Verkäufer auch. Zum damaligen Zeitpunkt hätte ihm kein Tagesgeldkonto solche Zinsen versprochen.

Einen kleinen Haken hat die Sache aber: Du musst in der Lage sein, das Eigenkapital, das der Verkäufer dir leihen wird, vorzustrecken. Denn deine Bank wird dir ohne Eigenkapital-Nachweis keine Finanzierung gewähren; sie benötigt ihn als

Sicherheit. Der Verkäufer kann dir das Eigenkapital allerdings erst leihen, nachdem er seine Immobilie an dich verkauft hat, weil er erst dann liquide ist. Diese Methode eignet sich demnach für liquide Käufer, die ihre Liquidität schonen wollen.

2) Fix & Flip

Anfängern rate ich vom »Flippen« ab, das möchte ich hier erneut betonen. Die Gründe dafür liest du im Kapitel »Worin die Chancen und Risiken von Fix & Flip liegen«. Indessen ist es für Profis praktisch undenkbar, auf diese Eigenkapitalquelle zu verzichten, worauf uns schon Volker Vollprofi mit seiner doppelstöckigen GmbH hingewiesen hat.* Damit die Strategie Fix & Flip auf Dauer gelingt, musst du die drei Bereiche Einkauf, Renovierung/Sanierung und Verkauf nahezu perfekt beherrschen. In erster Linie gehst du bei der Bewertung äußerst restriktiv vor und kaufst nur Immobilien mit ordentlich Luft nach oben. Ein Kaufpreis von 20 bis 30 Prozent unter Marktwert wäre ideal. Am besten kalkulierst du jede Immobilie so, dass sie sich im Zweifel mindestens kostendeckend vermieten lässt. Mit diesem Plan B schaffst du dir ein Sicherheitsnetz.

Zudem solltest du es mit der Aufwertung nicht übertreiben und eher renovieren als sanieren, denn falls dich die Materialien samt Handwerker zu viel kosten, schreibst du bloß eine schwarze Null oder verbrennst im schlimmsten Fall sogar Eigenkapital. Mindestens genauso wichtig ist der Verkauf. Am meisten zahlen dir passive Kapitalanleger, also Leute, denen es nicht auf das letzte Prozent Rendite ankommt. Um Kapitalanlageimmobilien zu verkaufen, benötigst du entweder selbst ein gutes Netzwerk oder den Zugang zu speziellen Maklern;

---

* Falls dir der Name »Volker Vollprofi« kein Begriff ist, blättere ein paar Seiten zurück zur vierten Investment-Strategie.

oft handelt es sich dabei um Versicherungsverkäufer oder Darlehensvermittler, die eine Gewerbeerlaubnis nach Paragraf 34c GewO besitzen und somit Immobilien vermakeln dürfen. Einfach ein Inserat bei *Immobilienscout* hochzuladen, wird in der Regel nicht genügen – erforderlich sind überdurchschnittliche Verkaufsfähigkeiten.

3) Tilgungsaussetzung

Die Tilgungsaussetzung ist ein eher exotischer Ansatz, da er eine vorbildliche Bonität und ein gutes Standing bei der Bank voraussetzt. Der Gedanke dahinter: Während der ersten zwei oder drei Jahre verzichtest du auf eine Tilgung der Immobilie, um dadurch einen höheren Cashflow zu erzeugen, mit dem du dir dein eingesetztes Eigenkapital (teilweise) zurückholst. Ein Beispiel: Du kaufst ein Mehrfamilienhaus für 500 000 Euro. Normalerweise würde die Bank von Anfang an 2 Prozent Tilgung verlangen, was vereinfacht gerechnet 10 000 Euro pro Jahr entspricht. Unter der Annahme eines Eigenkapitalanteils von 20 Prozent, also 100 000 Euro, hättest du nach drei Jahren Tilgungsaussetzung 30 Prozent deines Eigenkapitals zurückerhalten. Ab dem vierten Jahr würde dann die Tilgung beginnen. Jedoch muss die Tilgungsaussetzung nicht unbedingt auf die ersten Jahre der Finanzierung fallen, genauso gut könntest du die Tilgung zeitlich mittendrin aussetzen. Vielleicht benötigst du mehr Liquidität, um eine andere Immobilie zu kaufen und zu sanieren, und erkennst frühzeitig, wie du auf einen Engpass zusteuerst. Sofern du die Bank in deine Pläne einweihst und ihr ein neues Finanzierungsgeschäft vorschlägst, stehen deine Chancen gut, dass sie einer Tilgungsaussetzung von beispielsweise 36 Monaten zustimmt. Im besten Fall habt ihr diese Option gleich zu Beginn im Darlehensvertrag vereinbart, dadurch sinkt die Gefahr einer Ablehnung aus bürokratischen Gründen. Eine solche Vereinbarung hat übrigens auch einen riesigen Sicherheitsvorteil: In schlechten Zeiten ermöglicht sie dir, deine Annuität herabzusetzen, und zwar so lange, bis das vereinbarte zeitliche Limit erreicht ist oder du wieder liquider bist.

4) Darlehen aufsplitten

Sträubt sich die Bank gegen die Tilgungsaussetzung, könntest du ihr den Kompromiss anbieten, nur einen Teil der Tilgung auszusetzen. Angenommen, das Darlehen beträgt 100 000 Euro, so splittest du es zum Beispiel in zwei Hälften auf. Die eine Hälfte tilgst du mit 2 Prozent, für die andere erwirkst du eine tilgungsfreie Zeit von drei Jahren. Das Ergebnis: weniger Tilgung, mehr Cashflow. Dadurch erhältst du dein Eigenkapital schneller zurück als im herkömmlichen Fall, wo deine Tilgung von Anfang an auf den Gesamtbetrag des Darlehens anfällt. Viele Investoren trauen sich nicht, über solche Sonderregelungen mit der Bank zu verhandeln, doch wer eine gute Bonität besitzt und eine attraktive Immobilie in Aussicht stellt, hat oft mehr Spielraum als vermutet.

5) Tilgungsersatz

Anstatt die Tilgung für ein paar Jahre auszusetzen, könntest du auch gänzlich darauf verzichten, wohl wissend, dass die Bank dein Vorhaben nur begleitet, wenn du dich mit ihr auf einen Tilgungsersatz einigst. Dafür entscheidest du dich für ein endfälliges Darlehen, das traditionellerweise auf einen Schlag bei Laufzeitende getilgt wird.* Bis dahin fließt der Teil,

---

* Mehr Details dazu im Kapitel »Welche Finanzierung zu dir passt«.

der bei einem Annuitätendarlehen der Tilgung entspräche, in ein alternatives Finanzprodukt wie beispielsweise einen ETF-Sparplan. Zu empfehlen ist ein risikoarmer Tilgungsersatz, bei dem ein Totalverlust äußerst unwahrscheinlich ist. Die Rendite, mit der sich dein Tilgungsersatz verzinst, ist sozusagen dein Eigenkapitalgewinn; allerdings kommst du in der Regel erst bei Darlehensende in seinen Genuss. Es sei denn, du vereinbarst mit der Bank die Option auf vorzeitige Rückführung, von der du Gebrauch machen darfst, sobald der Tilgungsersatz das offene Darlehen vollständig deckt. Zu diesem Zeitpunkt wäre deine Immobilie früher schuldenfrei, und du könntest sie neu beleihen, um dir Eigenkapital zu beschaffen, oder sie verkaufen. Dennoch ist es keine Methode, mit der du schnell an Eigenkapital kommst, das liegt auf der Hand.

6) Nachbeleihung von Bestandsobjekten

Lass uns gedanklich zehn Jahre in die Zukunft reisen. Nehmen wir an, du hast im vergangenen Jahrzehnt fleißig eingekauft und nennst mittlerweile zehn Wohnungen dein Eigen, die du klassisch über ein Annuitätendarlehen finanziert hast. Über die Jahre ist ihr Wert gestiegen, gleichzeitig ist der Kredit geschrumpft. Stell dir das anhand einer Schere vor, die sich zu deinen Gunsten geöffnet hat. Die Fläche innerhalb der geöffneten Schere steht für den positiven Saldo, also die Differenz zwischen Immobilienwert und Restschuld. Während die Beleihung deiner ersten Immobilie anfangs noch bei 90 Prozent lag, liegt sie jetzt womöglich bei 60 Prozent oder weniger. Die frei gewordenen 30 Prozent kannst du neu beleihen, das heißt, die Bank gewährt dir dafür ein weiteres Darlehen, weil sie ja einen reellen Gegenwert hat, der im Grundbuch abgesichert wird. Dieses Vorgehen empfiehlt sich nicht für jede der zehn

Wohnungen, die du gekauft hast, weil das Risiko dadurch zu stark anstiege, aber für zwei oder drei ist es unkritisch. Natürlich vorausgesetzt, du legst das Kapital* clever an. Ohnehin wird die Bank wissen wollen, wofür du das Kapital zu nutzen gedenkst, und eine Nachbeleihung nur für Immobilien durchwinken, die sich seit fünf Jahren oder länger in deinem Bestand befinden und die du um mindestens 10 Prozent getilgt hast. Erfüllt die Immobilie diese Kriterien, eignet sich die Nachbeleihung hervorragend, um finanziell voranzukommen.

7) Finanzieren ohne Bank

Wer eine Immobilie finanzieren will, denkt zuerst an eine Bank. Denn Banken besitzen Geld, das sie verleihen, um noch mehr Geld zu verdienen, stimmt's? Ja, schon, aber dieses Prinzips bedienen sich nicht nur Banken. Unternehmen oder wohlhabende Privatleute verleihen ihr Geld ebenfalls, solange die Zinseinkünfte in einem angemessenen Verhältnis zum Risiko stehen. Die Basis einer solchen Übereinkunft ist ein privater Darlehensvertrag. Zusätzlich kann der geliehene Betrag – wie bei Banken üblich – über eine Grundschuld im Grundbuch abgesichert werden, wenn das Sicherheitsbedürfnis des Darlehensgebers besonders ausgeprägt ist. Warum dann nicht gleich zur Bank gehen? Na ja, eventuell gewährt dir die Bank kein Darlehen, weil du dich kürzlich selbstständig gemacht hast, was deinen privaten Darlehensgeber hingegen nicht stört, weil er dir vertraut. Oder die Bank beleiht deine Immobilie nur vergleichsweise gering mit, sagen wir, 70 Prozent. In diesem Fall bietet sich eine Mischform an: Du nimmst sowohl das Darlehen

* Streng genommen ist es kein Eigen-, sondern Fremdkapital.

der Bank als auch das deines privaten Darlehensgebers in Anspruch, damit du weniger Eigenkapital aufbringen musst.

Am ehesten eignen sich bankfreie Darlehen wohl für F&F-Deals, weil der private Darlehensgeber sein Geld schneller zurückerhält als bei einem Bestandsobjekt. Für dich besonders attraktiv wäre eine Gewinnbeteiligung anstelle einer festen Zinszahlung, denn damit schonst du deine Liquidität während der Projektlaufzeit. Allerdings steigt dadurch das Risiko für den Darlehensgeber. Schreibst du wider Erwarten rote Zahlen, erhält er lediglich sein Geld zurück, weshalb diese Art von Deal ein großes Vertrauen voraussetzt, das du wohl am ehesten im Familien- oder Freundeskreis erwarten kannst. Die häufigsten Finanziers bei Unternehmensgründungen sind Familienmitglieder. Und ein Immobilienkauf ist quasi eine Unternehmensgründung. Das war der Code für: Bitte deine Familie um Geld! Wichtig dabei ist nur, dass du sie wie eine dritte Vertragspartei behandelst, der eine professionelle Zusammenarbeit zusteht.

8) Partnerschaften mit anderen Investoren

Wo großes Vertrauen herrscht, sind Partnerschaften nicht fern. Bei einer Partnerschaft spielen drei Elemente eine Rolle: Geld, Zeit und Know-how. Verfügt eine Person über alles drei, benötigt sie keinen Partner, denn wozu sollte der nützen? Das trifft jedoch in den seltensten Fällen zu. Jemandem, der Geld besitzt, mangelt es oft an Zeit. Wer wiederum über Zeit und Know-how verfügt, hat oftmals kein Geld. Erkennst du die Lösung des Dilemmas? Wenn deine Zeit und dein Know-how auf das Geld eines Partners treffen, dann bildet sich eine Achse des Erfolgs. Am besten startet ihr mit einem Kennenlernprojekt. Nicht allzu kompliziert gestrickt, bei moderatem Kapitalbedarf. Vielleicht eine kleine Wohnung, die ihr kauft, kosmetisch renoviert und wieder verkauft. Dein Partner bezahlt die Wohnung mit seinem Eigenkapital, du steuerst die Renovierung und übernimmst den Verkauf. Weil dein Partner das wesentlich größere Risiko trägt, gibst du dich für den Anfang mit 15 bis 30 Prozent des Gewinns zufrieden. Bei Erfolg schaffst du damit eine Vertrauensbasis für zukünftige Projekte. Im Übrigen kommen für solche Deals auch andere Immobilieninvestoren infrage.

Ein Beispiel aus der Praxis: Einmal erwarben wir ein F&F-Objekt für knapp 2,8 Millionen Euro, für das uns ein Investor 600 000 Euro Eigenkapital lieh. Im Gegenzug beteiligten wir ihn mit 30 Prozent am Gewinn. Damit stimmten wir ihn derart glücklich, dass er sein Eigenkapital umgehend reinvestieren wollte. Aktuell ist er an mehreren neuen Projekten beteiligt. Andere Immobilieninvestoren mögen zwar zusätzlich zu ihrem Geld auch das nötige Know-how haben, um ein Projekt wie dieses eigenständig durchzuführen, doch ihre fehlende Zeit ist ein nicht zu unterschätzendes Element.

9) Dealtrading und Finanzierungsvermittlung

Mal angenommen, aufgrund einer Zeitungsannonce werden dir regelmäßig Wohnungen direkt vom Eigentümer angeboten. Immer mal wieder kommt es dadurch zu einem Kauf, doch eines Tages sind deine Eigenkapitalreserven erschöpft. Und wie der Zufall es so will, klingelt ausgerechnet dann dein Telefon: Eine ältere Dame bietet dir ihre Dreizimmerwohnung zum Kauf an, der Deal klingt zu schön, um wahr zu sein. Ist er aber. Trotzdem bist du mangels Eigenkapital drauf und dran, der netten Dame abzusagen, als dir plötzlich Benjamin in den Sinn kommt. Ihr kennt euch vom Stammtisch, er hat sich auf denselben Wohnungstyp wie du spezialisiert. Anstatt zu denken: »Wenn ich die Wohnung nicht kriege, kriegt sie niemand!«, wäre es da nicht deutlich cleverer, Benjamin einen Tipp zu geben? Das brauchst du nicht umsonst zu machen, deine Prämisse hierfür ist eine Tippgeberprovision von 2 Prozent, die dir Benjamin bestimmt gern bezahlt, da die Courtage eines Maklers darüber liegt. Bevor es so weit kommt, bittest du die Eigentümerin natürlich um Erlaubnis, ob du ihre Nummer weitergeben darfst.

Das gleiche Prinzip lässt sich auch auf Finanzierungen anwenden. Du kennst eine Investorin, deren Bonität solide ist, der jedoch der richtige Bankkontakt fehlt? Öffne ihr doch die Tür zu deiner Bank und vereinbare eine kleine Tippgeberprovision, die du nur dann erhältst, sollte die Finanzierung auch wirklich zustande kommen. Auf diese Weise verdienst du indirekt Geld mit Immobilien, was vor allem deshalb möglich ist, weil du eine Kapazität auf deinem Gebiet bist. Sei dir aber darüber im Klaren, dass die Vermittlung von Immobilien oder Finanzierungen grundsätzlich eine Gewerbeerlaubnis nach Paragraf 34c GewO erfordert. Wenn du hin und wieder eine Tippgeberprovision kassierst, wird das in Ordnung gehen, problematisch wird es, sobald das Finanzamt ein wiederkehrendes Geschäft erkennt. Im Zweifel bemühst du dich um die besagte Gewerbeerlaubnis.

10) Mietkauf

Zum Abschluss sei noch eine eigenkapitalschonende Methode vorgestellt, die sich weniger für Investoren als für Eigenheimkäufer eignet. Der Mietkauf ermöglicht Käufern, eine Immobilie zunächst zu mieten, bevor sie sie kaufen. Meistens mangelt es ihnen an Eigenkapital, doch das muss nicht zwangsläufig der Grund sein. Möglicherweise sind den Mietkäufern die Zinsen am Markt zu hoch, weshalb sie lieber noch keine Finanzierung anstoßen, sondern auf fallende Zinsen spekulieren. Das Objekt gefällt ihnen jedoch so gut, dass sie es sich unbedingt heute sichern wollen. Sie vereinbaren Folgendes mit dem Vermieter: Die ersten zwei Jahre (der Zeitraum ist beispielhaft) wohnen sie zur Miete, erst dann kaufen sie die Immobilie zu einem heute festgelegten Kaufpreis. Ein Teil der Miete, beispielsweise 50 Prozent, wird auf den Kaufpreis angerechnet. Gerade zu Zeiten hoher Zinsen ist dies eine probate Kaufmethode, da der Zinssatz ja jederzeit fallen könnte. Genauso gut könnte er aber auch weiter steigen, darin besteht das Risiko des Mietkaufs.

Impulse

- Welche Eigenkapital-Idee entspricht aktuell am ehesten deinen Möglichkeiten?
- Welcher stehst du eher kritisch gegenüber? Und warum?

Deals in angespannten Märkten verhandeln

Wann gilt ein Immobilienmarkt als angespannt? Vereinfacht gesagt, wenn die Kaufpreise im Verhältnis zur Kaltmiete und/oder zu den Zinsen augenscheinlich unattraktiv sind. Die Immobilien rechnen sich nicht, zumindest nicht zum aufgerufenen Preis. Ein professioneller Investor findet sich in jeder Marktlage zurecht und das ist weit weniger schwierig als gemeinhin angenommen. Das Wichtigste ist, stets zu wissen, in welcher Marktlage wir uns befinden, denn dadurch können wir die Chancen und Risiken abschätzen. In diesem letzten Kapitel betrachten wir zwei Grenzzustände des Immobilienmarktes und schließen mit einigen Verhandlungstipps, damit dir völlig marktunabhängig der nächste Deal glückt.

Markt 1: Das Ende einer Niedrigzinsphase

Das Ende der letzten Niedrigzinsphase zog sich bemerkenswert in die Länge, erlebt haben wir es im Jahr 2022. Aufgrund des lang anhaltend niedrigen Leitzinses der EZB kletterten die deutschen Immobilienpreise auf immer neue Rekordhochs und vermeintliche Gurus mussten den Eintritt ihrer Untergangsszenarien immer wieder nach hinten korrigieren, bis es dann im Juli 2022 endlich so weit war und ein Zinsanstieg eingeläutet wurde. Untergegangen sind die Welt und der Immobilienmarkt bislang nicht, aber die Preise sind erstmals seit über einem Jahrzehnt deutschlandweit gefallen. Nach mehrmaliger Zinserhöhung beschloss die EZB am 25. Januar 2024, »den Leitzins unverändert zu belassen«, seitdem verharrt er bei 4,5 Prozent.[19] Was das für uns Immobilieninvestoren bedeutet, dazu kommen wir gleich, zuvor springen wir zurück ins Jahr 2022.

Zwischen 2016 und 2022 schwang der Leitzins um die Null-Prozent-Marke, was wie gesagt zu beachtlichen, teils unrealistischen Preisanstiegen führte. Investoren machten immer häufiger Abschläge bei der Rendite, da Schnäppchen zur Seltenheit geworden waren. Leider begingen etliche von ihnen den Fehler, nicht nur viel zu teuer einzukaufen, sondern gleichzeitig auch zu wenig Eigenkapital einzusetzen. Eine Fremdkapitalquote von 100 Prozent oder höher glich am Ende der Niedrigzinsphase wirtschaftlichem Selbstmord, da nach Preiskorrekturen, wie wir sie gerade im Jahr 2024 erfahren, Banken durchaus auf die Idee kommen, Sicherheiten nachzufordern. Ohne entsprechende Rücklagen hat das mit Sicherheit zu einigen Privatinsolvenzen geführt. Die Banken haben das Spielchen natürlich lange mitgemacht und fragwürdige Immobilien viel zu hoch finanziert. Mit hinein spielte sicherlich auch die absurde

Geschwindigkeit, mit der Investoren am Markt agierten, um überhaupt eine Immobilie zu ergattern. Klar, schnelle Kaufentscheidungen waren das A und O, jedoch nicht zu jedem Preis!

Doch was ist in dieser Marktphase die Alternative? Gezielter einkaufen, dafür weniger. Denn um auf der sicheren Seite zu sein, setze ich mehr Eigenkapital ein, so wappne ich mich gegen einen plötzlich eintretenden Zinsanstieg, der kurzfristig immer mit einem Preisrückgang einhergeht. Und darauf will ich mit meiner Liquidität vorbereitet sein. Wenn ich meine ganze Munition am Ende der Niedrigzinsphase verballere, pirsche ich mit leerem Magazin über einen Markt, auf dem ich eigentlich Schnäppchen schießen könnte. Daher kaufe ich vorher lieber weniger, damit mich dieses Schicksal nicht ereilt.

Im Übrigen lässt sich auch in hart umkämpften Niedrigzinsphasen unter bestimmten Umständen etwas am Preis machen. Das Augenmerk gilt Verkäufern, die schnell Geld benötigen. Der eine oder andere merkt vielleicht schon vor dem nahenden Zinsanstieg, dass er sich verzockt hat, wenn die Bank ihn auf eine Überschuldung hinweist oder wenn die überteuerten Immobilien einen hohen negativen Cashflow erzeugen, den die Person nicht mehr stemmen kann. In Kombination mit einem teuren Lebensstil ergibt das eine gefährliche Mischung, quasi Nitro und Glycerin. Solche Verkäufer sind bereit, einen Preisabschlag hinzunehmen, vorausgesetzt, ich erweise mich als der richtige Käufer, indem ich meine Zahlungskraft unter Beweis stelle und am besten noch am selben Tag eine Finanzierungsbestätigung der Bank oder – besser noch – einen Kontostand nachweise, mit dem ich den Kaufpreis notfalls vorstrecken könnte, bevor ich mich um eine Finanzierung kümmere. Eine weitere Verkaufsmotivation können anstehende energetische Sanierungsmaßnahmen sein. Aus Angst davor, dass diese teuer werden, verkaufen die Eigentümer ihre Immobilie lieber.

Wenn ich die Kosten dafür in meiner Kalkulation berücksichtige, könnte der Deal vielversprechend sein. Hingegen versprechen mir Verkäufer, deren Immobilie gut in Schuss ist und die das preisliche Maximum herausholen wollen, logischerweise keinen guten Deal, erst recht nicht, wenn sie genügend Wartezeit mitbringen. In jedem Fall behalte ich immer mein Renditeziel im Auge; das bewahrt mich vor Dummheiten, wie mich vom Bietfieber anstecken zu lassen, das in dieser Marktphase gefährlich um sich greift.

Markt 2: Der Beginn einer Hochzinsphase

Aktuell, im Jahr 2024, befinden wir uns im Übergang von einer Niedrig- zu einer Hochzinsphase, wobei wir natürlich nicht wissen, wie hoch die Zinsen steigen. Wirklich hoch erscheinen Bauzinsen zwischen 3 und 4 Prozent ja noch nicht, wenn wir uns an die 1980er-Jahre erinnern, wo sie zeitweise bei 12 Prozent lagen. Und doch genügt der Zinsanstieg der jüngsten Zeit, um für Verunsicherung und Verwirrung zu sorgen. Käufer sind verunsichert, ob sie sich bei diesem Zinsniveau eine Immobilie leisten können und sollten, Verkäufer dagegen sind verwirrt darüber, dass ihre Immobilie nicht mehr denselben Preis am Markt erzielt, wie sie es noch im Jahr 2022 getan hätte. Eben hat ein Miteigentümer seine Eigentumswohnung noch für 300 000 Euro verkauft, doch plötzlich soll die gleiche Wohnung eine Etage darunter bloß noch 250 000 Euro erzielen? Ein Unding! Bemerkt hat der zweite Verkäufer das zunächst indirekt, weil die Nachfrage auffallend gering war. Später dann erreichten ihn vereinzelt Kaufpreisangebote mit herbem Preisabschlag. Verständnis lässt sich für beide Seiten aufbringen: Für den Verkäufer, weil er live miterleben durfte, wie sein Miteigentümer denselben Preis erzielte, den er nun ebenfalls gern hätte. Ebenso für den Käufer, da er ohne Preisnachlass auf keinen grünen Zweig käme, denn die Zinsen sind nun mal ein wesentlicher Bestandteil der Kalkulation. Zudem fordern die Banken aktuell mehr Eigenkapital als noch in der Niedrigzinsphase.

Offensichtlich dauert es eine Weile, bis sich Käufer und Verkäufer an die veränderte Realität gewöhnt haben, und exakt dieses Zeitfenster öffnet für ausgeschlafene Investoren immense Chancen. Im Grunde ist der perfekte Verkäufer auch in dieser Phase jemand, der schnell Geld benötigt. Was die Lukrativität dieser Marktphase jedoch bedeutend steigert: Die Verkäufer, die eigentlich genügend Zeit mitbringen und keine Geldsorgen haben, fürchten sich mitunter vor einem Preisverfall. Heute ist die Wohnung noch 250 000 Euro wert, aber was passiert in zwei Monaten? Liegen die Kaufpreisangebote dann bei 220 000 Euro oder gar darunter? Das ist bitte nicht als Einladung misszuverstehen, auf diabolische Weise Verlustängste zu schüren, ich will dir lediglich deine verbesserte Verhandlungsposition klarmachen. Der Verkäufer wird eher vergleichsweise untypischen Ansätzen zustimmen wie zum Beispiel einem Verkäuferdarlehen oder einem Teilverkauf. Am Ende sollten sich beide Parteien mit dem Deal wohlfühlen, und für uns Investoren bedeutet das: Die Kaltmiete muss zumindest die Kosten decken. Meine Verhandlungsposition gegenüber der Bank ist in einer beginnenden Hochzinsphase ebenfalls deutlich besser. Wegen der gesunkenen Nachfrage am Immobilienmarkt erhält sie weniger Finanzierungsanfragen und erklärt sich deshalb eher bereit zu Spielereien wie einer Tilgungsaussetzung oder einem Tilgungsersatz. Es ist sinnvoll, sich in jeder Marktphase zu überlegen, wer die »angespannte« Partei ist.

Doch wie läuft die Verhandlung im Detail ab? Worauf können wir achten, um den Verkäufer weder zu verärgern noch einen zu hohen Preis zu bezahlen? Meines Erachtens gelten in beiden Marktphasen ähnliche (ungeschriebene) Verhandlungsregeln. Die Stellen, wo es Unterschiede gibt, werde ich anmerken.

1) Die Nachfrage einschätzen

Die Nachfrage hängt entscheidend von der Marktphase ab. Grundsätzlich gilt: In Hochzinsphasen ist sie niedrig, in Niedrigzinsphasen hoch. Aber das muss nicht zwangsläufig der Fall sein. Wie viele Interessenten der Verkäufer außer uns hat, finden wir am besten im Dialog heraus. Die Antwort liegt oft zwischen den Zeilen verborgen, denn niemand gibt gern zu, dass sich kein Mensch für seine Immobilie interessiert. Deswegen ist es nicht verwunderlich, dass uns manche von ihnen eine Notlüge auftischen: »Die Nachfrage ist ziemlich gut! Nachher besichtigt noch jemand.« Falls wir einen Bluff des Verkäufers enttarnen, sprechen wir das keineswegs an, denn damit würden wir ihn bloßstellen. Wir nehmen es schweigend zur Kenntnis. Ob die Nachfrage hoch ist, merken wir indessen recht schnell, insbesondere wenn die Taktung der Besichtigungstermine kurz ist und wir vor sowie nach dem Termin anderen Interessenten begegnen.

Falls ein Makler beteiligt ist, würde ich immer zuerst mit ihm verhandeln. Dieser ist weniger emotional an die Immobilie gebunden, wesentlich wichtiger ist ihm die Courtage. Das gilt im Besonderen für weniger bekannte Makler, da sie im Gegensatz zu den exklusiven Maklerbüros auf jede Courtage angewiesen sind und uns beim Verkäufer durchaus empfehlen, wenn sie uns als zahlungskräftig einstufen. Je schneller der Deal zustande kommt, desto eher erhalten sie ihre Courtage. Um die Chance weiter zu erhöhen, biete ich dem Makler auch nach einer Preisverhandlung die volle Courtage basierend auf dem ursprünglichen Kaufpreis an. Das motiviert.

2) Die Preiskorrektur begründen

Unabhängig davon, mit wem wir verhandeln, untermauern wir die Preiskorrektur mit vernünftigen Argumenten. Das empfiehlt sich insbesondere im Übergang von einer Niedrig- in eine Hochzinsphase. Viele Verkäufer wollen noch nicht wahrhaben, welche Auswirkung die gestiegenen Zinsen auf den Wert ihrer Immobilie haben. Ihre Preisvorstellung kommt aus der Niedrigzinsphase. Darum rechnen wir dem Verkäufer höflich vor, wie die Kaltmiete aufgrund der Zinsen dahinschwindet. Er soll erkennen, dass sich die Immobilie beim aufgerufenen Preis nicht rechnet. Gleiches gilt für Nachlässe, die wir auf Basis eines Sanierungsstaus fordern. Wir rechnen vor, was ein neues Bad oder der Austausch der Fenster in etwa kosten wird. Je mehr der Verkäufer über unsere Sichtweise erfährt, desto eher zeigt er sich verständnisvoll und akzeptiert einen niedrigeren Preis.

Vor der Verhandlung definieren wir uns unbedingt eine Schmerzgrenze. Die wird der Verkäufer allerdings ebenfalls haben. Kommt ein ansonsten aussichtsreicher Deal wegen ungleicher Vorstellungen nicht zustande, könnten wir die Verhandlung weg vom Kaufpreis lenken, zum Beispiel in Richtung Notarkosten. Für gewöhnlich zahlen wir als Käufer den Notar, doch wie wäre es mit einem Split? Wenn der Preis die verkäuferseitige Schmerzgrenze erreicht hat, aber noch oberhalb von unserer liegt, lässt sich der Verkäufer mitunter darauf ein, sich an den Notarkosten zu beteiligen. Es mag rechnerisch nahezu auf dasselbe herauskommen, aber eventuell ist der Kaufpreis für den Verkäufer emotionaler aufgeladen als etwaige Nebenkosten. Vielleicht hat er in seinem Umfeld schon geprahlt, er werde »mindestens 150 000 Euro« für seine Wohnung erhalten. Diese Behauptung möchte der Verkäufer halten, um sein Gesicht zu wahren, und dabei könnte er verschweigen, dass er sich an den Notarkosten beteiligt hat. Nach den Verkaufsnebenkosten fragt ohnehin kaum jemand.

3) Vor der Verhandlung Mankos aufdecken

Derzeit hat der Energieausweis großes Gewicht: Ein schlechter technischer beziehungsweise energetischer Zustand ist ein hervorragendes Verhandlungsargument. Oftmals sind solche Mankos eingepreist, die Frage ist nur, ob auch in korrekter Höhe. Das herauszufinden, ist unsere Aufgabe. An folgenden Punkten können wir ansetzen:

- ungünstiger Energieausweis,
- schlechte Dämmung,
- alte Heizung,
- undichtes Dach, vermooste Dachziegel, weiße Stellen auf der Innenseite der Dachziegel,
- einfachverglaste oder alte Fenster mit Wärmebrücken,
- sanierungsbedürftige Wasserleitungen,
- alte Elektrik, unterversorgte Räume, fehlender FI,
- feuchte Keller und/oder Schimmel,
- bevorstehende Sonderumlage, zum Beispiel für Sanierungsmaßnahmen, die in den Versammlungen diskutiert wurden,
- fehlende / zu wenige Parkplätze,
- niedrige Kaltmiete, die offenbar jahrelang nicht erhöht wurde,
- Streitigkeiten mit Miteigentümern, ersichtlich aus den Protokollen oder aus der Jahresabrechnung (Rechtskosten).

Auf diese Mankos weisen wir den Makler oder den Verkäufer höflich hin und geben eine ungefähre Schätzung ab, welche Kosten auf uns zukommen. Und wie verfahren wir bei Neubauten? Dort ist weniger der Zustand als die Ausstattung ein Thema. Anstatt über den Preis zu verhandeln, haben wir gegenüber dem Bauträger bessere Chancen, wenn wir zum Beispiel einen höheren Standard beim Boden oder im Bad verlangen.

4) Die Ist-Miete kaufen

Schaust du gelegentlich *Die Höhle der Löwen*? Relativ häufig scheitern Deals, weil die Löwen mit einer aus ihrer Sicht »unfairen« Unternehmensbewertung konfrontiert werden. Manche Gründer können zwar kaum Umsätze vorweisen, was sie aber keineswegs davon abhält, die Bewertung aufzuhübschen, indem sie ihr das Marktpotenzial zugrunde legen. Das missfällt den Löwen. Denn dieses Marktpotenzial zu heben, erfordert erhebliche Marketingmaßnahmen sowie den Zugang zu ihrem Netzwerk, das sie sich in den vergangenen Dekaden mühselig aufgebaut haben. Warum sollte diese Arbeit bereits Teil der Unternehmensbewertung sein?

Uns Immobilieninvestoren ergeht es manchmal ähnlich wie den Löwen. Auf die Frage, wie der Kaufpreis zustande komme, betont die Maklerin oder der Verkäufer das enorme Mietpotenzial. Die Miete befinde sich auf einem niedrigen Niveau, sodass wir sie ordentlich erhöhen könnten. Soso, eine interessante Argumentation. Wir sollen den Mieter also gleich nach dem Kauf mit einem Mieterhöhungsschreiben beglücken und unsere Mühen, deren Erfolgsaussicht unklar ist, auch noch mit dem Kaufpreis bezahlen. Klingt nach einem guten Deal – für den Verkäufer. Wenn in der Lage ein Faktor 20 üblich ist, schlagen wir diesen auf die jährliche Ist-Miete auf, nicht auf die Soll-Miete. Wir erläutern freundlich, dass es Arbeit bedeutet, die

Miete anzuheben, ergo ist die Wertsteigerung unser Verdienst. Außerdem haben wir uns an die Kappungsgrenze zu halten, die uns daran hindert, die Miete mal eben um 50 Prozent zu erhöhen.

5) Die richtigen Werte vertreten

Das Investieren in Immobilien ist ein People-Business, in dem sich einige schwarze Schafe tummeln. Das ist eine gute Nachricht für integre Menschen. Denn mit ehrbaren Werten wie Zuverlässigkeit, Ehrlichkeit, Fairness und Handschlagqualität können wir in diesem Geschäft besonders punkten. Ein selbstbewusster, sympathischer Auftritt, professionelle E-Mails, nette Telefonate, zügige Rückmeldungen. Faktoren wie diese bilden die Grundlage für ein erfolgreiches Immogame. Wir versuchen, die Verkaufsgründe nachzuvollziehen, und signalisieren stets Verhandlungsbereitschaft und Verständnis. Zu Beginn einer Hochzinsphase üben wir uns in Geduld, denn der Verkäufer benötigt wahrscheinlich seine Zeit, um die veränderte Marktsituation zu akzeptieren. Am Ende einer Niedrigzinsphase betonen wir hingegen, wie schnell und unkompliziert wir den Kauf abwickeln werden. Für uns Immogamer gehört es dazu, ein feines Gespür für die Bedürfnisse unserer Gegenüber zu entwickeln, damit heben wir uns deutlich von den durchschnittlichen Investoren ab.

6) Viel hilft viel

Die Immobiliensuche kann bisweilen frustrierend sein, und zwar völlig unabhängig vom Markt. In solchen »Downswings« ist es ungemein wichtig, nicht die Nerven zu verlieren und eine hohe Schlagzahl beizubehalten. Die Devise lautet: viel besichtigen, viele Gespräche führen, viele Kaufpreisangebote abgeben. Mit dieser Einstellung kämpfen wir uns durch diese fiesen

Täler hindurch und sitzen schon bald wieder beim Notar. Viel Erfolg!

Impulse

- Mach dir ein Bild von deinem Zielmarkt. Wie ordnest du die dort aufgerufenen Preise ein?
- Falls sie zu hoch sind: Picke dir drei Beispielimmobilien heraus und frage dich, um wie viel Prozent du den Preis nach unten verhandeln müsstest, damit sie sich rechnen.
- Wie viel liquides Geld hast du auf der hohen Kante? Ich frage deshalb so dreist, weil du ausreichend Eigenkapital benötigst, um in angespannten Märkten auf Schnäppchenjagd zu gehen.

Das Immogame kennt kein Ende

Eine Immobilie ist etwas, das langfristig gedacht ist. Ihre Errichtung dauert lange. Ihre Substanz trotzt der Witterung lange. Der Kredit läuft lange. Ein gutes Mietverhältnis hält lange. Und ebenso dauert es lange, bis sich der Erfolg im Immogame einstellt.

Mit diesem Buch bist du für den Anfang gut bedient, doch ich empfehle dir, dranzubleiben. Lies weitere Bücher über Immobilien und über alles, was dazugehört (zum Beispiel über Steuern). Folge in den sozialen Medien Menschen, die dich stetig auf dem Laufenden halten. Einer von ihnen bin ich, du triffst mich vor allem unter meinem Pseudonym »Immogame« bei Instagram an. Dort poste ich dreimal täglich kostenlosen Content zu immobilienrelevanten Themen und gebe dir Einblicke in mein Unternehmen, die currily AG.

Doch ich bin nicht nur eine digitale Erscheinung, ebenso kannst du mir live begegnen, zum Beispiel auf der jährlich stattfindenden *Cashflow Conference*. Hierzu habe ich den gleichnamigen Podcast ins Leben gerufen, wo ich mich mit Experten verschiedener Branchen austausche.

Ich könnte jetzt noch einige weitere Kanäle bewerben, in denen du mich bei Bedarf antriffst – wie zum Beispiel den Podcast *Business Bistro* mit Marissa Schatz –, aber ich will dich nicht mit Werbung vergraulen. In diesem Sinne: Es war mir eine Freude, dir von meinen Erfahrungen zu erzählen.

Viel Erfolg für dein Immogame!
Tobi

Quellen

1 Haufe Online Redaktion (2024): »Das Gebäudeenergiegesetz 2024 ist in Kraft getreten«, Haufe, 02.01.2024, https://www.haufe.de/immobilien/wirtschaft-politik/neues-gebaeudeenergiegesetz_84342_491404.html; abgerufen am 05.03.2024.

2 Haufe Online Redaktion (2021): »Verschärfte Regeln für Energieausweise treten in Kraft«, Haufe, 20.04.2021, https://www.haufe.de/immobilien/wohnungswirtschaft/energieausweis-pflichten-und-fristen_260_534562.html; abgerufen am 05.03.2024.

3 Haufe Online Redaktion (2023): »Sonder-AfA beim Wohnungsneubau: Mehr Abschreibung möglich«, Haufe, 15.11.2023, https://www.haufe.de/immobilien/wirtschaft-politik/abschreibung-beim-mietwohnungsbau_84342_572146.html; abgerufen am 05.03.2024.

4 Haufe Online Redaktion (2022): »Gebäude-AfA: Abschreibung von Immobilien und Nutzungsdauer«, Haufe, 13.07.2022, https://www.haufe.de/immobilien/investment/gebaeude-afa-nutzungsdauer-bei-abschreibung-von-immobilien_256_566570.html; abgerufen am 05.03.2024.

5 Vereinigte Lohnsteuerhilfe e. V. (2023): »Denkmalschutz: Steuervorteil dank Abschreibung«, 11.07.2023, https://www.vlh.de/wohnen-vermieten/eigentum/denkmalschutz-steuervorteil-dank-abschreibung.html; abgerufen am 05.03.2024.

6 Vereinigte Lohnsteuerhilfe e. V. (2024): »Was Vermieter bei Sanierung, Umbau oder Ausbau absetzen können«,

29.02.2024, https://www.vlh.de/wohnen-vermieten/vermietung/was-vermieter-bei-sanierung-umbau-oder-ausbau-absetzen-koennen.html; abgerufen am 05.03.2024.

7 Bundesministerium der Finanzen (2016): *Amtliches Einkommensteuer-Handbuch* (Ausgabe 2016), »Anhang 17: Abgrenzung zwischen privater Vermögensverwaltung und gewerblichem Grundstückshandel«, https://esth.bundesfinanzministerium.de/esth/2016/C-Anhaenge/Anhang-17/inhalt.html; abgerufen am 05.03.2024.

8 Bundesministerium der Finanzen (2023): »Berechnung einer lebenslänglichen Nutzung oder Leistung; Vervielfältiger für Bewertungsstichtage ab 1. Januar 2024«, 01.12.2023, https://www.bundesfinanzministerium.de/Content/DE/Downloads/BMF_Schreiben/Steuerarten/Erbschaft_Schenkungsteuerrecht/2023-12-01-bewertung-einer-lebenslaenglichen-nutzung-oder-leistung-stichtage-ab-1-1-2024.pdf?__blob=publicationFile&v=2; abgerufen am 05.03.2024.

9 Dürr, Ulrich (2015): »Kein Abgeltungsteuersatz für Ehegatten-Darlehen bei finanzieller Beherrschung«, Haufe, 13.03.2015, https://www.haufe.de/steuern/rechtsprechung/abgeltungsteuersatz-fuer-ehegatten-darlehen_166_296622.html; abgerufen am 05.03.2024.

10 Schön, Britta Beate (2024): »Mietpreisbremse. Neue Wohnung? So viel Miete ist erlaubt«, *Finanztip*, 07.02.2024, https://www.finanztip.de/mietpreisbremse/; abgerufen am 05.03.2024.

11 Statistisches Bundesamt (2023): »Inflationsrate im Jahr 2022 bei +7,9 %«, Pressemitteilung Nr. 022 vom 17. Januar 2023, https://www.destatis.de/DE/Presse/Pressemitteilungen/2023/01/PD23_022_611.html; abgerufen am 05.03.2024.

12 Statistisches Bundesamt (2024): »Inflationsrate im Jahr 2023 bei +5,9 %«, Pressemitteilung Nr. 020 vom 16.

Januar 2024, https://www.destatis.de/DE/Presse/Pressemitteilungen/2024/01/PD24_020_611.html; abgerufen am 05.03.2024.

13 Haufe Online Redaktion (2017): »Staffelmiete: Mieterhöhung im Voraus vereinbaren«, Haufe, 08.03.2017, https://www.haufe.de/immobilien/verwaltung/miethoehe/staffelmiete_258_403000.html; abgerufen am 05.03.2024.

14 Berliner Mieterverein e. V. (2024): »Info 13: Modernisierung. 4. Die Mieterhöhung nach Modernisierung«, Januar 2024, https://www.berliner-mieterverein.de/recht/infoblaetter/info-13-modernisierung-in-der-mietwohnung-und-am-wohngebaeude-ihre-rechte-als-mieter.htm#4-Die-Mieterhöhung-nach-Modernisierung; abgerufen am 05.03.2024.

15 Bundesministerium für Wohnen, Stadtentwicklung und Bauwesen (2023): »Kabinettsbeschluss: Bessere Abschreibungsmöglichkeiten für den Wohnungsbau«, *Pressemitteilung*, 30.08.2023, https://www.bmwsb.bund.de/SharedDocs/pressemitteilungen/Webs/BMWSB/DE/2023/08/meseberg.html. Abgerufen am 5. April 2024.

16 Haufe Online Redaktion (2024): »Degressive AfA für Wohngebäude kommt wohl abgespeckt«, Haufe, 23.02.2024, https://www.haufe.de/immobilien/wirtschaft-politik/abschreibung-in-der-steuer-degressive-afa-beim-wohnungsbau_84342_602294.html; abgerufen am 05.03.2024.

17 Gründungskanzlei: »Die vermögensverwaltende GmbH Vor- und Nachteile«, https://gruendungskanzlei.eu/blog/vermoegensverwaltende-gmbh#; abgerufen am 05.03.2024.

18 Kracht, Robert (2012): »Grundlagen zur 6b-Rücklage«, Haufe, 14.06.2012, https://www.haufe.de/steuern/steuerwissen-tipps/ruecklage-nach-6b-estg/grundlagen-zur-6b-ruecklage_170_118832.html; abgerufen am 05.03.2024.

[19] Statista (2024): »Entwicklung des Zinssatzes der Europäischen Zentralbank für das Hauptrefinanzierungsgeschäft von 1999 bis 2024«, https://de.statista.com/statistik/daten/studie/201216/umfrage/ezb-zinssatz-fuer-das-hauptrefinanzierungsgeschaeft-seit-1999/; abgerufen am 05.03.2024.

Die besten Steuerstrategien für Immobilieninvestoren

Erik Renk, Till Carstens

Wer in Immobilien investieren will, kommt um das Thema Steuern nicht herum. Ob Grunderwerbsteuer beim Immobilienkauf, Ertragsteuer auf die Einkünfte durch die Vermietung oder Steuern beim Weiterverkauf von Immobilien: Geld mit Immobilien verdienen kann bedeuten, einen großen Teil davon an den Staat abführen zu müssen. Deshalb ist es sinnvoll, sich von Anfang an Gedanken über die richtige Steuerstrategie zu machen. Erik Renk und Till Carstens, beide erfahrene Immobilieninvestoren, verraten, wie die Steuerlast erheblich gesenkt werden kann. Der Schlüssel dazu sind die richtigen Immobilien, das passende Know-how und die ideale Strategie. In diesem Buch erfährst du, wie du Immobilien steuerfrei veräußerst, Immobilien handelst und weniger als 1 % Steuern zahlst, ohne Eigenkapital modernisierst und 100 % der Kosten absetzt und Immobilien steuerfrei auf die nächste Generation überträgst.

256 Seiten | Softcover | 25,00 € (D) | ISBN 978-3-95972-459-3

Der Finanzplan für dein Leben

Erik Renk, Till Carstens

Stephan Busch und Tom Wonneberger geben Antworten auf die wichtigsten Fragen rund um Finanzen, Versicherungen und (Alters-)Vorsorge: Welche Versicherungen brauche ich wirklich und welche kann ich mir sparen? Wie sieht eine clevere Sparstrategie aus und wie setze ich sie um? Wie könnte ein Vermögensaufbau mithilfe des Arbeitgebers aussehen und wann sollte ich anfangen, an Altersvorsorge zu denken? Das Buch bietet alle Basics in Sachen Finanzen und Versicherungen, gibt Entscheidungshilfen und sorgt so für Gelassenheit und Sicherheit bei einem unbeliebten, aber wichtigen Thema – einfach und verständlich ohne überfordernden Fachjargon. Es enthält das Rüstzeug, um in allen Lebenslagen und -phasen die richtigen Entscheidungen für die Finanzplanung zu treffen.

320 Seiten | Softcover | 22,00 € (D) | ISBN 978-3-95972-668-9

Die Verwaltung von Wohnungseigentum

Christian Grolik, Petra Breitsameter

Der Beruf des Fachverwalters für Wohnungseigentum ist nicht nur außerordentlich interessant und abwechslungsreich, er erfordert auch ein breites und tief gehendes Fachwissen in unterschiedlichen Bereichen: kaufmännische Fähigkeiten sind ebenso wichtig wie juristisches und technisches Grundwissen. So stellt die Verwaltung von Wohnungseigentum selbst Profis vor eine Reihe von Herausforderungen. Kompetent, fundiert und übersichtlich aufbereitet erläutern die Immobilienfachwirtin Petra Breitsameter und der promovierte Wirtschaftsjurist Christian Grolik die wichtigsten Fragen rund um die Verwaltung von Wohnungseigentum. Dieses Fachbuch ist ein praxisbezogenes Nachschlagewerk für Verwalter, Beiräte und Wohnungseigentümer, aber auch ein Lehrbuch für Berufseinsteiger.

384 Seiten | Hardcover | 49,99 € (D) | ISBN 978-3-95972-679-5